Bruce Wilkinson

Das Gebet des Jabez – Andachten

Das GEBET *des* JABEZ

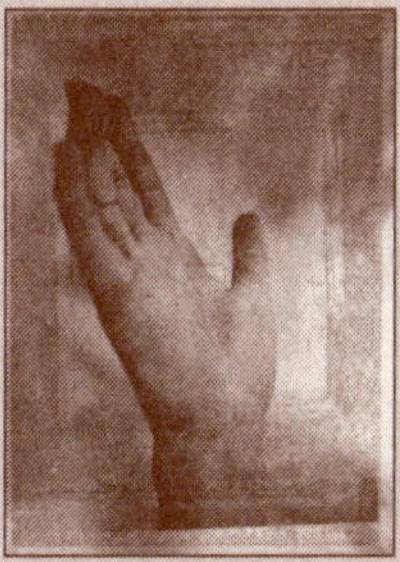

ANDACHTEN

BRUCE WILKINSON

SCHULTE & GERTH

Die amerikanische Originalausgabe erschien im Verlag
Multnomah Publishers, Inc., Sisters, Oregon
unter dem Titel "The Prayer of Jabez Devotional".

Aus dem Amerikanischen übersetzt von Mechthild Bruchmann.

Originally published in English under the title:
The Prayer of Jabez Devotional

Published by Multnomah Publishers, Inc.
204 W. Adams Avenue, P.O. Box 1720
Sisters, Oregon 97759, USA

Wenn nicht anders vermerkt sind die Bibelzitate der Gute Nachricht-Bibel entnommen. (Hfa – Hoffnung für alle/L – Luther 1984)

Best.-Nr. 815 789
ISBN 3-89437-789-5
2. Auflage 2002
Umschlaggestaltung: Hanni Plato/David Carlson Design
Satz: Die Feder, Konzeption vor dem Druck GmbH
Druck und Verarbeitung: Ebner & Spiegel, Ulm
Printed in Germany

Inhalt

Vorwort: Vorbereitung auf das Jabez-Wunder

Gottes Fingerabdrücke! Plötzlich erkennt man sie überall in seinem Leben: Unerklärliche Begegnungen. Kleine Wunder. Große Antworten auf einfache Fragen, die man vor kurzem noch gar nicht zu stellen wagte. Überall überraschende Spuren, sagenhafte Zeichen und unvergessliche Beweise, dass eine himmlische Hand Ihr Leben berührt hat. Es ist als ob Gott sich zu Ihnen beugt, Ihre flehende Bitte um etwas Außergewöhnliches anhört und erleichtert ausruft: „Darauf hab ich schon lange *gewartet*, dass du mich darum bittest!" Und anschließend ist nichts mehr wie zuvor.

Willkommen auf dem „Jabez-Weg"! Falls Sie das schlichte Gebet des Jabez – vielleicht angeregt durch mein Buch *Das Gebet des Jabez* – bereits beten, wissen Sie, wovon ich rede. Wahrscheinlich haben Sie schon selbst einige Jabez-Geschichten erlebt, die Sie mit Ihren Freunden teilen möchten. Seitdem Sie den verheißungsvollsten Zeitabschnitt Ihres Lebens begonnen haben, wollen Sie keine Minute mehr davon missen. Sie wollen Ihre neuen geistlichen Abenteuer stärker und effektiver erleben. Und vor allem wollen Sie das Wunder jeden Tag ganz persönlich erfahren.

Das vorliegende Buch ist für Sie und *Ihr* ganz besonderes Wunder gedacht. Jede Seite soll Ihnen helfen, täglich regelmäßig mit der Erwartung zu beginnen, dass Sie Gottes Handeln erkennen und daran teilhaben. Sie werden durch dieses Buch auf Ihrer Reise ins Land der Wunder persönliche Begleitung und tägliche Ermutigung erfahren.

Aber auch wenn Sie keine Ahnung haben, was dieses Gerede über Wunder bedeuten soll, ist dieses Buch auch für Sie bestimmt. Warum? Auf den folgenden Seiten werde ich Sie mit einem Mann namens Jabez und seinem kühnen Gebet bekannt machen. Ich werde Ihnen helfen, dass Sie vielleicht zum ersten Mal in Ihrem Leben die außergewöhnlichen Dimensionen kennen lernen, die Gott Ihnen zugedacht hat. Sie können sich bereits heute nach diesem gesegneten Leben ausstrecken.

Falls Sie die Geschichte des Jabez noch nicht gelesen haben, nehmen Sie sich einen Augenblick Zeit und schlagen Sie 1. Chronik 4 auf. Dort finden Sie sie, versteckt zwischen den langweiligsten und, offen gestanden, uninteressantesten Kapiteln der Bibel. Die ersten neun Kapitel des 1. Buches der Chronik bestehen aus Geschlechtsregistern. Sie enthalten den offiziellen Familienstammbaum der Juden über Jahrtausende hinweg, angefangen bei Adam bis etwa ins Jahr 500 vor Christus. Das bedeutet eine Aufzählung von vielen Hundert Namen, von denen die meisten unbekannt und schwer auszusprechen sind.

Mitten in diesem Register unterbricht der Chronist jedoch seine Litanei, denn ein Name verdient einen besonderen Kommentar. Hier tut sich plötzlich die kürzeste Biographie überhaupt auf. In genau zwei Versen – 9 und 10 – lernen wir alles, was die Bibel über diesen Mann Jabez zu sagen hat:

Ein Mann namens Jabez war der angesehenste unter seinen Brüdern. Bei seiner Geburt hatte seine Mutter gesagt: „Ich habe ihn mit Schmerzen geboren", und deshalb hatte sie ihn Jabez genannt. Er selbst aber hatte zum Gott Israels gebetet: „Segne mich und erweitere mein Gebiet! Steh mir bei und halte Unglück und Schmerz von mir fern!" Diese Bitte hatte Gott erhört.

Das ist sie, die Geschichte eines Mannes, der mit düsteren Lebensaussichten startete, ein einfaches Gebet sprach und als ehrbarer Mann in Gottes Augen endete.

Warum ausgerechnet diese Mini-Biographie so beeindruckend ist? Dafür gibt es einen Grund: In der Jabez-Geschichte finden wir den Bericht seiner persönlichen Verwandlung. Wir sehen den Beginn, die Mitte und das Ende seines Lebens. Wir erfahren sogar, warum und wie seine radikale Wende geschah.

Falls Jabez heute unter uns lebte, würde er uns sehr schnell sagen, dass sein kleines Gebet keine besonderen Kräfte oder magischen Worte enthält. Aber er würde Ihnen auch sagen, dass Sie, falls Sie in Gottes größere Bestimmung für Ihr Leben einsteigen wollen – was unabhängig davon ist, wie wenig viel versprechend Ihre Lebensumstände im Augenblick sind – nur ein Gebet weit davon entfernt sind.

Eine persönliche Veränderung beginnt für jeden von uns dort, wo wir mit offenen Händen und vertrauensvollem Herzen nach Gott rufen und wissen wollen, *was Gott für uns möchte.* Wir bringen unsere gewagte Bitte vor und bleiben vor unserem uns liebenden Vater erwartungsvoll stehen. Hier beginnen die Wunder. Aus meinem eigenen Leben kann ich Ihnen versichern, dass sie nicht aufhören werden, so lange Sie mutig und mit kindlichem Vertrauen erwartungsvoll vor Gott stehen bleiben.

Ihre eigene Geschichte verändert sich, sobald Sie jeden Tag mit neuer Erwartung vor den Herrn treten und in Verzweiflung und Vertrauen zu ihm beten. Sie werden neue Anfänge und neue Gelegenheiten erkennen. Ihre Denkweise wird sich verändern. Ihr Lebenslauf schlägt einen neuen Kurs ein.

Damit Sie für sich das Beste aus diesem aufregenden Lebensabschnitt herausholen, empfehle ich Ihnen dringend, dass Sie täglich das *Jabez-Tagebuch*, den Begleiter zu diesem Andachtsbuch, benutzen. Sie werden sehr schnell feststellen, dass ein selbst verfasster Bericht Ihnen hilft, Herz und Verstand für das wach zu halten, was Gott jeden Tag in Ihnen und um Sie herum tut. Die Vorteile einer solchen regelmäßigen Übung sind schwer zu überbieten. Ohne einen schriftlichen Bericht über Ihren Weg mit Gott bleiben die Schreie Ihres Herzens möglicherweise unausgesprochen, Ihre offensichtliche Verwandlung unentdeckt und der Beweis von Gottes erstaunlichen Antworten unbemerkt. Und das wäre ein schrecklicher Verlust. Denken Sie daran, dass Sie im Segensstrom eines Gottes stehen, der viel mehr tun kann, „als wir von ihm erbitten oder uns auch nur vorstellen können. So groß ist seine Kraft, die in uns wirkt" (Epheser 3,20 Hfa). Ihm allein gebührt die Ehre!

Der Herr führe und stärke Sie auf Ihrem Weg mit ihm – und er segne Sie überreich!

Ihr
Bruce Wilkinson

Das Gebet des Jabez

Er selbst aber hatte
zum Gott Israels gebetet:
„Segne mich
und erweitere mein Gebiet!
Steh mir bei und halte
Unglück und Schmerz von mir fern!“
Diese Bitte hatte Gott erhört.
(1. Chronik 4,10)

mich und erweit… …et!

Steh mir bei und erweitere

mein Gebiet

Steh mir bei und halte

mich und erweitere mein Gebiet!

Steh mir bei und halte Ung

Erste Woche

Herr, segne mich!

Nur von Gottes Segen hängt der Wohlstand ab,
eigene Mühe macht ihn nicht größer.
Sprüche 10,22 L

1. Tag:

Die Gunst des Vaters

Es heißt ja: „Was keiner jemals gesehen oder gehört hat, was keiner jemals für möglich gehalten hat, das hält Gott für die bereit, die ihn lieben."
1. Korinther 2,9

Meine Gedanken gehen zu dem Abend zurück, an dem mein Sohn David mich bat, ihn zu segnen. Wir saßen als Familie im Wohnzimmer zusammen und unterhielten uns in aller Ruhe. David war damals 23 Jahre alt. Gerade als mir auffiel, dass er sich kaum an unserem Gespräch beteiligt hatte, begann er zu reden.

„Vater, ich möchte dich etwas fragen. Würdest du mich bitte segnen?"

Seine Mutter und Schwester starrten ihn an. Ich war genauso überrascht. Seine Bitte kam wie aus heiterem Himmel.

„David, du hast meinen Segen. Das weißt du doch", antwortete ich ihm.

„Nein, Vater. Ich möchte, dass du mich *richtig* segnest." Er stand auf, ging zu dem Sessel, in dem ich saß, und kniete sich vor mich hin. Dann wartete er ohne aufzuschauen mit gebeugtem Haupt.

Können Sie sich vorstellen, was in diesem Augenblick in mir vorging? Ich verspürte ein unbändiges Verlangen, ihm alles erdenklich Gute zuteil werden zu lassen! Hier lag mir mein eigenes Kind zu Füßen und drückte mit Worten und Gesten aus, dass es sich von ganzem Herzen das wünschte, was nur ich, sein Vater, ihm geben konnte.

Ich legte meine Hände auf Davids Schultern und begann zu beten. Ich betete für seinen Verstand, seine Gesundheit, seine Interessen und Fähigkeiten, für seine Freundschaften und seine Arbeit, für seine sozialen Aufgaben, für seine Zukunftsträume, für jeden Bereich seines Lebens. In Jesu Namen überschüttete ich ihn mit Segen. Und ich hörte erst auf, als ich mir sicher war, dass er nicht nur gesegnet *war*, sondern dass er sich auch gesegnet *fühlte*!

Ich nehme an, Sie verstehen, warum ich Ihnen diese Familiengeschichte der Wilkinsons erzähle. In einem solchen Augenblick, wie ich ihn beschrieben habe, beginnen Sie, das Wunder des Jabez zu leben. Sie knien vor Ihrem Vater. Da gibt es etwas, was Sie benötigen, wonach Sie sich von ganzem Herzen sehnen: seinen göttlichen Segen. Sie können ihn nicht produzieren, kaufen oder sonst wo finden. Nur Ihr Vater, der Sie liebt, kann Ihnen diesen Segen gewähren. Und sein Herz quillt in diesem Moment über vor Verlangen, Ihnen seinen Segen zu geben.

Jabez wäre nie auf die Idee gekommen, Gott um seinen Segen zu bitten, bevor er nicht etwas sehr Wesentliches über den Gott Israels begriffen hatte: Dieser Gott *wollte* unbedingt sein Volk segnen.

Wie denken Sie darüber? Will Gott Sie segnen oder will er es nicht? Vielleicht meinen Sie: „Ich bin mir nicht sicher, ob Gott mich segnen will. Ich glaube nicht, dass ich seinen Segen verdient habe. Ich kann mir nicht vorstellen, dass er sich überhaupt um mich kümmert."

Ich möchte Ihnen heute zunächst einmal deutlich machen, was Gott über sein Wesen sagt. Und dann lade ich Sie ein, Ihr Misstrauen gegenüber Gott loszulassen und das als wahr zu akzeptieren, was er über sich selbst sagt.

Als Mose Gott bat, sich ihm deutlicher zu erkennen zu geben, stellte Gott sich Mose mit folgenden Worten vor: „Ich bin der Herr! Herr ist mein Name. Ich bin ein Gott voll Liebe und Erbarmen. Ich habe Geduld, meine Güte und Treue sind grenzenlos" (2. Mose 34,6). Mose, eine Person aus dem Alten Testament, war Gottes bester Freund. Er verbrachte viele Tage allein in Gottes Gegenwart. Darum, so denke ich, können wir ganz sicher davon ausgehen, dass das, was Gott zu Mose sprach, das Wichtigste zusammenfasst, was Gott den Menschen vermitteln will.

Fragen Sie sich einmal selbst, wie Ihre Vorstellung von Gott mit der Wahrheit über Gott übereinstimmt. Falls Sie den Eindruck haben, Gott sei knauserig, herzlos, unbarmherzig, schnell verärgert oder nur zögerlich bereit, seine Kinder zu segnen, leben Sie unter einer grauen Wolke des Irrtums und Sie sind arm anstatt gesegnet.

Dieser Zustand muss jedoch keinen Augenblick länger so bleiben! Sie können Ihr lähmendes Missverständnis ablegen und für immer vergessen!

Wenn Sie heute vor dem Herrn still werden, denken Sie daran, wer er ist. Er ist Ihr Vater – ein schenkender, leidenschaftlicher und treuer Vater. In diesem Augenblick ist sein Herz mit dem tiefen Verlangen erfüllt, sein Wohlwollen über Ihr Leben auszuschütten. Wollen Sie vor ihm niederknien und ihn um seinen Segen bitten?

Anregung für Ihr Tagebuch

Welches Bild mache ich mir von Gott? Welche Eigenschaften Gottes sind entsprechend meinem Verhalten die wichtigsten für mich? Welche bedeuten mir am wenigsten?

Der Glaube ist ein lebendiges, mutiges Vertrauen in Gottes Gnade.
Er ist so sicher und gewiss,
dass der Glaubende sein Leben tausend Mal darauf setzen würde.
Dieses Wissen um und Vertrauen auf die Gnade Gottes
macht Menschen froh und stolz und glücklich in der Gemeinschaft mit Gott und mit aller Kreatur.

Martin Luther

2. Tag:

Das königliche Leben

Und Gottes Geist bestätigt unserem Geist,
dass wir wirklich Gottes Kinder sind.
Wenn wir aber Gottes Kinder sind, dann wird Gott uns ausschenken,
was er seinen Kindern versprochen hat.
Römer 8,16–17

Kennen Sie das auch: Am Sonntag sagen wir in der Kirche „Unser Vater …“ und für den Rest der Woche leben wir wie Waisenkinder? Dies ist ein weit verbreiteter Selbstbetrug. Wir sagen, wir glauben etwas, und beweisen doch durch unsere Taten, dass das nicht stimmt. Obwohl wir Königskinder sind, können wir uns im Alltag wie Obdachlose verhalten.

Ich habe einmal einen Bericht über das Leben von Connor O'Reilly gelesen. Er lebte im letzten Jahrhundert, war Ire und völlig mittellos. Als ein reicher Verwandter ihm die Überfahrt auf einem Ozeandampfer bezahlte, wurde sein Traum Wirklichkeit: Er wanderte nach Amerika aus! Obwohl er eine Fahrkarte besaß, machte O'Reilly sich Sorgen, er könne sich während der Reise die Mahlzeiten auf dem Schiff nicht leisten. Darum sorgte er vor. Vor Abfahrt des Schiffes kaufte er sich von seinen letzten Schillingen einige Brote und stopfte sie in seinen alten Koffer.

Während der Woche, die er auf hoher See verbrachte, verschwand O'Reilly regelmäßig in seiner Koje, um etwas zu essen. Er aß heimlich aus Angst, dass andere arme Passagiere ihn um ein Stück Brot bitten könnten. Schließlich reichte es kaum für ihn selbst! Während gut situierte Passagiere sich die Köstlichkeiten im Speisesaal des Schiffes schmecken ließen, stand er draußen vor der Tür und warf sehnsüchtige Blicke durch die Fenster des Speisesaals.

Am Abend, bevor das Schiff in New York anlegte, lud ein Mann O'Reilly zum Abendessen an seinen Tisch ein.

„O, vielen Dank“, sagte Connor verlegen. „Aber ich habe leider kein Geld.“

„Wovon reden Sie?", fragte der Mitreisende erstaunt. „Ihre Fahrkarte beinhaltet doch gleichzeitig auch die Berechtigung für den Speisesaal. Für Sie sind täglich drei köstliche Mahlzeiten im Preis enthalten!"

Armer O'Reilly! Er hatte wochenlang an trockenen Brotkrusten genagt, während täglich drei köstliche Mahlzeiten in Gesellschaft wohlhabender Passagiere auf ihn warteten. Die Segnungen hatten für ihn abholbereit dagestanden.

Gestern haben wir gesehen, wie reichlich Gott uns, seine Kinder, segnen möchte. Heute will ich Ihnen zeigen, wie viel Ihnen rechtlich zusteht – falls Sie Gott bitten. Manche Christen, die mir begegnen, verhalten sich wie O'Reilly: Sie kauen heimlich trockenes Brot, weil sie glauben, sie sind Bürger zweiter Klasse und keine Königskinder. Viele Christen wissen einfach nicht, dass ihnen etwas entgeht. Ein Fest wartet auf sie und ihre Namen stehen bereits auf den Tischkarten.

Bitte, stellen Sie sich einmal folgende Frage: „Wie viele Segnungen Gottes habe ich bereits am kostenlosen Buffet Gottes genossen?" Vielleicht beantworten Sie die Frage mit überschäumender Dankbarkeit für das, was Gott in Ihrem Leben getan hat. Aber vielleicht antworten Sie auch mit einem Gefühl des Unbehagens. Ja, Sie fühlen sich sogar ein wenig betrogen und denken: *So vieles war mir zugedacht – und so wenig habe ich nur gekostet!*

Nun kennen Sie die Wahrheit über Ihre Fahrkarte. Ich befürchte, O'Reilly hat sogar geahnt, dass seine Fahrkarte die köstlichen Mahlzeiten enthielt, aber vorsichtshalber wollte er es nicht glauben. Möglicherweise war es schlichtweg unglaublich für ihn, dass solche Festessen ihm zugedacht waren! Und darum kaute er heimlich auf seinen Brotkrusten.

Sind Sie Ihre trockenen Brotkanten leid? Hier die gute Nachricht: Der Speisesaal steht Ihnen offen! Sie müssen dazu nichts Außergewöhnliches leisten, besonders erwählt oder erprobt sein. So, wie Sie sind, dürfen Sie in den Festsaal. Die Bibel sagt: „Nur von Gottes Segen hängt der Wohlstand ab, eigene Mühen machen ihn nicht größer" (Sprüche 10,22).

Unsere Lebensschiffs-Passage ist bereits mit der Liebe Gottes durch das Leben seines Sohnes Jesus – inklusive Festessen – bezahlt. Und er möchte, dass Sie seine üppige Versorgung als einen normalen Teil Ihres Lebens erfahren.

Anregung für Ihr Tagebuch

Gott, bitte hilf mir erkennen, wie das üppige Festmahl deiner Segnungen in meinem Leben aussieht und wie meine neue Sichtweise mein Leben zu deiner Ehre verändert.

Gottes Versprechen sind nicht zu schön um wahr zu sein.
Dwight L. Moody

3. Tag:

Heilige Bittende

Bittet, und ihr werdet bekommen! Sucht, und ihr werdet finden!
Klopft an, und man wird euch öffnen!
Denn wer bittet, der bekommt; wer sucht, der findet;
und wer anklopft, dem wird geöffnet.
Matthäus 7, 7–8

Segnen heißt: Zuwendung schenken. Freude bereiten. Glücklich machen. Erfolg versprechen. Wer, wie Jabez „angesehener sein möchte als seine Brüder", sagt damit nicht: „Bitte, Herr, segne meine Brüder nicht." Vielmehr betet er: „Ganz gleich, was du tust, Herr, bitte segne mich und segne mich reichlich!"

Wir haben gesehen, wie sehr unser Vater sich danach sehnt, uns zu segnen, und wie er uns seine übervollen Vorratskammern zur Verfügung stellen möchte. Nur eine Voraussetzung ist nötig, um den Reichtum seiner Segnungen zu empfangen. Sie ist wie ein Schlüssel einer solchen Vorratskammer: *Wir müssen bitten.*

Ich habe bereits vielen Tausend Menschen die schlichte Frage gestellt: „Haben Sie Gott gebeten, Sie heute zu segnen?" Und nur etwa einer von Hundert antwortete: „Ja". Wir bitten doch Gott, unsere Nahrung zu segnen. Warum bitten wir Ihn nicht auch, uns selbst zu segnen?

Viele antworten mir: „Ich kann nicht verstehen, warum ich um Segen für mich bitten soll. Ich stelle mir vor, dass ich bereits alle geistlichen Segnungen empfangen habe, als ich errettet wurde. Worum soll ich also noch bitten?"

Das stimmt. Einige Segnungen fallen uns automatisch zu. Theologisch gesprochen passieren im Himmel mehr als 30 Dinge auf einmal, wenn wir Kinder Gottes werden: Uns wird vergeben. Wir werden ein Kind Gottes. Wir empfangen den Heiligen Geist. Wir bekommen das ewige Leben und vieles, vieles mehr. Gott hat uns all diese geistlichen Gaben zum Zeitpunkt unserer Errettung übermittelt und sie gelten immer noch. Diese Gaben sind es auch, die Paulus meint, wenn er in Epheser 1,3 (L) schreibt, „(der Gott und Vater unseren Herrn Jesus

Christus), der uns gesegnet hat mit allem geistlichen Segen in den himmlischen Bereichen in Christus."

Doch der Segen kommt portionsweise. Neben den himmlischen Segnungen gibt es für das Erdenleben der Christen noch eine andere Segenshälfte. Und dabei handelt es sich fast ausschließlich um *mögliche* Segnungen.

Mit anderen Worten: Gott möchte, dass ich mir so sehr seinen Segen *wünsche*, dass *ich* schließlich die Initiative ergreife, ihn um seine Segnungen zu *bitten*. Bete ich jedoch nicht, verpasse ich sie. Segen zieht sich wie ein roter Faden durch die Heilige Schrift. Ja, er beginnt bereits im Garten Eden. Gott legt uns sein Bestes zu Füßen und bittet uns, eine Auswahl zu treffen. „Ihr habt nicht, weil ihr nicht bittet", klagt Jakobus. Und Jesus fordert und verspricht im selben Atemzug: „Bittet Gott, und er wird euch geben!"

Es ist eine lebensverändernde Feststellung: *Mein Leben kann wahrhaftig gesegnet sein. Allerdings muss ich darum bitten.*

Ich habe beobachtet, wie diese Erkenntnis viele Hundert Gesichter erhellt hat. Ich habe in ihnen gleichzeitig Erwartung, Begeisterung und Erleichterung gesehen. Für viele Christen schien eine neue Lebensqualität plötzlich nicht nur möglich, sondern Wirklichkeit zu werden.

In vielen Gesichtern habe ich leider aber auch Traurigkeit und Bedauern entdecken müssen. Warum? Diese Menschen dachten an ihre vergeudeten Jahre. Sie fühlten, dass sie etwas versäumt oder verpasst hatten. Plötzlich begriffen sie, dass sie durch ihre eigene Ignoranz oder Nachlässigkeit am Rande der großen Pläne, die Gott für Sie vorgesehen hatte, stecken geblieben waren.

Und was empfinden Sie in diesem Moment? Haben Sie versäumt, das in Besitz zu nehmen, was Ihnen rechtmäßig zusteht? Wenn Sie sich die Frage stellen: „Wie oft habe ich in den letzten 30 Tagen Gott gebeten, mich zu segnen?", bekommen Sie vielleicht ein Gespür dafür, wie viel Sie versäumt haben. Ihre Antwort wird Ihnen zeigen, welchen Anteil göttlichen Segens Sie entweder erhalten oder verpasst haben. Warum? Falls Sie Gott nicht um Segen gebeten haben, konnten Sie nicht das empfangen, was Ihnen nur als Antwort auf Ihre Bitte zukommt.

Ändern Sie heute Ihr Leben und bitten Sie Gott immer und immer wieder. Gott richtet heute seine Empfangsantennen auf jeden Bittenden aus. Er möchte Ihnen eine größere Bestimmung geben. Er möchte die Leere in Ihrem seufzenden Herzen füllen. Er liebt Sie tatsächlich so sehr, dass jeder Segen, den er Ihnen zukommen lässt, auf Ihre Bedürfnisse zugeschnitten ist, damit Sie in einem bestimmten Lebensbereich gesegnet werden. Aber Ihr Vater will sich Ihnen nicht aufdrängen. (Mögen *Sie* Menschen, die sich Ihnen aufdrängen?) Er ist sehr gütig. Er möchte, dass *Sie* bestimmen, was Sie wirklich wollen.
In seinen Augen bringt Sie Ihre Bitte aus der tagtäglichen Tretmühle zu einem „ehrenvolleren" Lebensstil. Ich glaube, seine Augen ruhen heute mit großer Freude und Erwartung auf Ihnen. Bei Jabez war das der Fall. Und bei Ihnen ist das genauso. Bitten ist das Präludium zu einem Leben voller Wunder.

Anregung für Ihr Tagebuch
Was sind meine Hauptgründe, dass ich Gott nicht um seinen Segen bitte?

Bitten ist der Beginn des Empfangens. Passen Sie auf,
dass Sie nicht mit einem Teelöffel zum Ozean laufen.
Nehmen Sie wenigstens einen Eimer mit,
damit die Kinder Sie nicht auslachen.
Jim Rohn

4. Tag:

Gott liebt Nobodys

Schaut doch euch selbst an, Brüder! Wen hat Gott denn da berufen? Kaum einer von euch ist ein gebildeter oder mächtiger oder angesehener Mann. Gott hat sich vielmehr die Einfältigen und Machtlosen ausgesucht, um die Klugen und Mächtigen zu demütigen. Er hat sich die Geringen und Verachteten ausgesucht, die nichts gelten, denn er wollte die zu nichts machen, die vor den Menschen etwas sind.

1. Korinther 1, 26–28

Haben Sie bemerkt, dass Jesus ungewöhnlich stark von den Menschen angezogen wurde, die Mangel litten? Und zwar nicht nur gelegentlich, sondern häufig. Verlierer und Verlorene, Kranke und Lahme, Schwache und Hungrige – für diese Menschen ist er gekommen. Ihren Bedürfnissen wollte er begegnen. Solche Menschen wählte er sich als seine Jünger. Wenn Sie einmal darüber nachdenken, werden Sie feststellen, dass Jabez im Grunde nicht dahin gehörte. Ins Geschlechtsregister, meine ich. Sein Leben begann als ein ausgesprochener Nobody in Israel. Keine Zukunftsperspektive. Kein soziales Ansehen. Keine besonderen Talente. Keine verheißungsvolle Zukunft.

Deshalb erwartet man auch, dass die Erwähnung von Jabez bedeutungslos in der Jüdischen Geschichte versinkt, genau wie die Namen Etnan, Koz und Anub (und die anderer Verwandter, die nur beiläufig in 1. Chronik erwähnt werden). Und doch sehen wir, dass das Leben von Jabez schließlich bedeutungsvoll, erfüllt und geehrt endet.

Fest steht: Gott liebt Nobodys!

Haben Sie schon einmal von Agnes Bojaxhiu gehört? Sie hat keine höhere Schule besucht, war nicht verheiratet und hat nie ein Auto besessen. Vielmehr kümmerte sie sich um Hungernde, Kranke und Sterbende in den Straßen von Kalkutta. Dabei wurde sie nicht müde, bescheiden zu beteuern: „Ich bin nicht zur Sozialarbeit berufen. Ich gehöre Jesus."

Sie kennen diese Frau als Mutter Teresa, als Nobelpreisträgerin und Gründerin der *Barmherzigen Schwestern*. Ihre zierliche Gestalt und ihr faltiges, fröhliches Gesicht wurde im Zwanzigsten Jahrhundert zum bekanntesten Symbol des tätigen Glaubens. Heute kümmert sich der von ihr gegründete Orden jährlich um 500.000 hungrige Familien und 90.000 Leprakranke weltweit.

Einige Jahre, bevor sie starb, fragte sie ein Journalist: „Mutter Teresa, was wird geschehen, wenn Sie nicht mehr unter uns sind?"

Ihre Antwort lautete: „Ich glaube, dass Gott, sobald er einen Menschen findet, der noch unfähiger ist als ich, durch ihn noch größere Dinge tun wird."

Vielleicht fühlen Sie sich einfach unwürdig für jeden besonderen Segen. Sie gehen verletzt und gebeutelt durch Ihren Alltag (obwohl sie wahrscheinlich äußerlich gesehen sehr gut zurechtkommen). Wenn Sie abends im Bett liegen, fragen Sie sich möglicherweise: *Werde ich es auf Dauer schaffen?*

Lassen Sie mich vorsichtig versuchen, Licht in Ihre Lage zu bringen. Die Antwort auf Ihre Frage lautet „Nein". (Übrigens ist das auch die Antwort, die für jeden anderen gilt). Aber Gott hat große Pläne für „unnütze Diener".

Nehmen Sie sich einen Augenblick Zeit und erfassen Sie die folgende Wahrheit: „Jesus fühlt sich zu Ihnen hingezogen. Er wird gern von Menschen wie Sie und ich in Beschlag genommen, von Menschen, die von ihrer eigenen Unzulänglichkeit vollkommen überzeugt sind, von Menschen, die wissen, dass sie ohne Gottes unverdiente Großzügigkeit ihnen gegenüber bedeutungslose Habenichtse wären."

Haben Sie es zugelassen, dass ein übertriebenes Gefühl der eigenen Unfähigkeit Sie von einem gesegneten Leben trennt? Sie *können* das ändern und die Falle des falschen Stolzes hinter sich lassen. Allein die Tatsache, dass Ihnen Ihre Schwächen und Grenzen so sehr bewusst sind, macht Sie zu einem überaus verheißungsvollen Kandidaten für Gottes Wohltaten.

Schon in grauer Vorzeit hat Ihr Vater Sie gekannt und geliebt. Er wartet nicht erst seit heute auf Sie, um Ihre Angelegenheiten in Ordnung zu bringen. Er wartet seit langem auf Sie, dass Sie mit geöffneten, leeren Händen zu ihm kommen.

Anregung für Ihr Tagebuch

Herr, danke, dass du große Pläne mit einem Nobody wie mir hast. Ich bitte dich jetzt, heute deinen besonderen Segen über mir auszugießen. Mach mir die „kleinen Dinge" bewusst, die du in meinen Leben segnen willst.

Wir können nichts Großes tun,
sondern nur Kleinigkeiten mit großer Liebe.

Mutter Teresa

Wenn du meinst, du bist zu gering, um etwas zu bewirken,
hast du nie eine Mücke unter der Bettdecke gehabt.

Betty Reese

5. Tag:

Was verbirgt sich hinter einem Namen?

Der Herr wird dir einen neuen Namen geben,
mit dem man dich von da an nennen wird.
Jesaja 62,2b

Die Mutter von Jabez hat sicherlich vieles gut und richtig gemacht. Bei der Namensgebung ihres Sohnes hat sie sich allerdings ganz sicher geirrt.
Wir lesen in 1. Chronik 4,9: „Bei seiner Geburt hatte seine Mutter gesagt: ‚Ich habe ihn mit Schmerzen geboren', und deshalb hatte sie ihn Jabez genannt." Im Hebräischen bedeutet das Wort *Jabez* Schmerz. Nicht nur dass sein Name bedrückend klang, nein, jeder verband auch damit das Geschick dieses Kindes, denn mit dem Namen wurde auch gleichzeitig das Temperament und das Schicksal des jüdischen Kindes prophezeit. Von Kindheit an war Jabez also im Schmerz gefangen.
Wie traurig! Finden Sie nicht auch?
Und doch ist das Entscheidende am Leben dieses Mannes, wie er endete, und nicht, wie er begann und was er durchmachen musste. Selbst wenn sein Leben mit Schmerzen begann, ließ er es nicht zu, dass seine Erfahrungen oder seine Lebensaussichten ihn davon abbrachten, mit Gottes Hilfe ein ganz anderes Leben zu gewinnen. Vielleicht hat Gott diesen Schmerz eingesetzt – wie er es so oft tut –, dass Jabez motiviert wurde, sich immer mehr nach Gott auszustrecken. Der Franzose und Christ Blaise Pascal, der viele körperliche und seelische Qualen erleben musste, kam schließlich zu dem Schluss, dass diese für ihn ein Geschenk Gottes waren. Er schrieb: „Der Schmerz war die liebevolle und legitime Härte, damit ich frei wurde."
Denken Sie einmal einen Augenblick darüber nach, welchen Namen Sie Ihrem Leben gegeben haben. Haben Sie vielleicht Ihre Veranlagung oder Ihr Aussehen bisher mit enttäuschend, nicht charmant,

ungewollt oder Fehlkonstruktion etikettiert? Dann ist die Geschichte von Jabez auch Ihre Geschichte.

Fragen Sie sich selbst: *Welche wünschenswerten Ziele habe ich nie ernstliche angestrebt, nur weil sie nicht zu meiner negativen Namensgebung passen?*

Gott hatte für Jabez mehr auf Lager als nur Schmerz. Und das gilt für Sie ebenso. Er verlangt nicht von Ihnen, dass Sie eine schwierige Vergangenheit und begrenzte Lebensumstände ignorieren oder leugnen, aber er wird Sie nie danach beurteilen.

Ihr Vater hat Ihnen nicht den Namen „Schmerz" oder einen ähnlichen Namen gegeben. Er nennt sie:

„Erwählt" (Johannes 15,19)
„Du bist mein" (Psalm 50,10–12)
„Geliebt" (5. Mose 33,12)
„Gewollt" (Jesaja 62,12)
„Freund" (Jakobus 2,23)

Sie kennen den Fischer Simon. Er verließ seine Netze und folgte Jesus nach. Wenn einer der Jünger damit rechnen konnte, dass bei ihm zunächst einiges daneben ging, dann war es Simon. Aber eines Tages schaute Jesus ihn an und sagte: „Du kannst wirklich glücklich sein, Simon, Sohn des Jona! [...] Ich sage dir, du bist Petrus". Dieser neue Name bedeutet *Fels.* Und mit diesem neuen Namen gab Jesus Petrus eine große wichtige Aufgabe im Reich Gottes.

Ihr Herr möchte Ihnen heute etwas sagen, das Ihr Leben verändern wird. Ein Wort liegt ihm bereits auf der Zunge: Es ist Ihr neuer Name.

Anregung für Ihr Tagebuch

Herr, mit welchen Etiketten oder Verhaltensweisen habe ich mich oder mein Leben behaftet, die möglicherweise nicht das zum Zuge kommen lassen, was du mir geben möchtest – wer ich werden soll und was du aus mir machen willst? Bitte zeig es mir.

Ich schaffe jetzt etwas Neues. Es kündigt sich schon an, merkt ihr es denn nicht?

Jesaja 43,19

6. Tag:

Das Geheimnis der Fülle

Vertrau dem Herrn und tu, was recht ist; dann bleibst du im Land und wohnst in Sicherheit. Lass den Herrn die Quelle deiner Freude sein; er wird dir jeden Wunsch erfüllen.

Psalm 37,3–4

Viele Christen sprühen vor Begeisterung, wenn es um den theologischen Begriff „Vertrauen" geht, aber tief in ihren Herzen sind sie misstrauisch.

Eines Morgens zeigte ich einer Gruppe von Männern, wie man mit einem Gebetstagebuch umgeht. Ich hatte mein eigenes Tagebuch vor mir auf dem Tisch aufgeschlagen und ich blätterte darin herum, um den Männern die angekreuzten erhörten Gebete zu zeigen. Es waren einige Hundert. Ein großer Typ beugte sich über den Tisch, griff nach meinem Tagebuch und starrte ungläubig hinein.

„Sie können mir doch nicht erzählen, dass Sie tatsächlich um Dinge bitten, die Sie *haben wollen!*" rief er aus.

„Genau das tue ich", antwortete ich. „Warum sollte Gott wollen, dass wir um etwas bitten, was wir nicht haben wollen? Überlegen Sie sich einmal, was Sie wirklich möchten. Gott wird darauf antworten. Entweder sagt er Ja oder Nein. Wenn es schlecht für Sie ist und Ihnen nur Sorgen bringt, wird er Nein sagen. Vielleicht gibt er es Ihnen aber trotzdem, wenn er Ihnen damit eine Gelegenheit geben möchte, dass Sie dadurch etwas Wichtiges lernen. Aber er freut sich grundsätzlich darüber, wenn Sie Vertrauen in ihn setzen und ihn bitten."

Ich möchte Ihnen Mut machen, dass Sie alle Ihre Fragen – seien es geistliche, emotionale oder materielle – im Gebet vor Gott bringen. Rechnen Sie mit der nachweislichen Tatsache, dass Ihr Vater von Natur aus treu und großzügig ist und immer Ihr Bestes sucht. Er *möchte* Ihnen Ihre Herzenswünsche erfüllen. Mit diesem Vater kann man gar nicht offen und ehrlich genug sein. Er wird Sie nicht ausschimpfen oder sich von Ihnen abwenden.

Eine große Bitte beginnt meistens mit einem großen Vertrauen.

Schließlich bitten Sie auch nicht das Ekel von Nachbar um Hilfe, sondern Ihren besten Freund. Sie sind von der Zuneigung und dem Wohlwollen Ihres Freundes überzeugt. Sie haben gute Gründe zu glauben, dass er Ihre Bitte nicht abschlagen, sondern Ihnen helfen wird.

Hat das Vertrauen in Ihrem Herzen erst einmal Wurzeln geschlagen, sind Sie in der Lage, den nächsten mutigen Schritt in ein gesegnetes Leben zu tun. Ich denke an das Geheimnis von Jabez Fülle: Bitten Sie Gott, dass er Ihnen sagt, was er Ihnen geben möchte.

Sie sind wie die Tochter, die erwartungsvoll mit geöffneten Händen vor ihrem Vater kniet. Auf die Frage des Vaters, was sie sich wünsche, antwortet sie schlicht: „Ich habe gedacht ..." – sie zögert ein wenig –, „ich wünsche mir ganz viele Dinge, aber, aber was ich mir am meisten wünsche, ist das, was du mir *wirklich von Herzen* geben willst!"

Ich kann mir gut vorstellen, dass allein der Gedanke an eine so kühne und offene Bitte Sie innerlich zittern lässt. Doch wenn Sie in dieser Weise beten, *wird* Erstaunliches geschehen. Sollten Sie befürchten, dass Gott Ihnen genau das erbärmliche Leben aufhalst, das Sie fürchten, dann denken Sie noch einmal an Gott als Ihren Freund. Denken Sie an seine Wesensart und seine Liebe zu Ihnen. Denken Sie an seine verbriefte Loyalität Ihnen gegenüber. Lassen Sie Ihr grundloses Misstrauen fahren. Zittern Sie vielmehr erwartungsvoll, weil das übernatürliche Leben der Erfüllung, nach dem Sie sich so lange gesehnt haben, schon begonnen hat, Wirklichkeit zu werden.

Das Geheimnis wahrer Fülle liegt darin, das zu wollen, was Gott will. Ich möchte Ihnen Mut machen, dass Sie sich dieses Geheimnis im Laufe des Tages immer wieder vorsagen. Lassen Sie diese Wahrheit Ihre Prioritäten neu bestimmen und Ihre Denkweise verändern.

Aus eigener Erfahrung und aus der Erfahrung vieler Menschen weiß ich, was geschehen wird, wenn Sie in diesen Teil Ihres Jabez-Abenteuers einsteigen. Gott wird sich Ihnen so deutlich zu erkennen geben, dass Ihr Vertrauen in ihn sprunghaft ansteigen wird. Ihre Wünsche werden sich mit seinem Willen zunehmend decken und Sie werden sich mehr und mehr mit seinen Werten und seinen guten Absichten mit Ihnen und seiner Welt identifizieren.

Und eines Tages werden Sie glücklich und staunend auf Ihr Leben schauen. Sie werden feststellen, dass Sie im Laufe der Zeit aus der Fülle leben. Wie war das möglich? Weil seine Kraft, mit der er Sie und andere Menschen durch Sie segnen konnte, ungehindert in Ihr Leben geströmt ist.

Anregung für Ihr Tagebuch

Das Geheimnis wahrer Fülle in meinem Leben ist, das zu wünschen, was Gott sich für mich wünscht. Was sind zwei oder drei wunderbare Dinge, die Gott sich für mich wünscht?

Der Zweck allen Betens ist, Gottes Willen herauszufinden und diesen Willen zu unserem Gebet zu machen.

Catherine Marshall

7. Tag:

Keine Grenzen

Nehmt mich beim Wort! Ihr werdet erleben,
wie ich euch mit Segen überschütte.
Maleachi 3,10b

Wenn Sie das nächste Mal im Alten Testament blättern, dann suchen Sie doch nach dem Gott, den Sie vielleicht noch nicht kennen gelernt haben. Versuchen Sie in allen Einschränkungen und Tadeln den fürsorglichen Vater zu erkennen, dessen Großzügigkeit ständig durchkreuzt wird. Lesen Sie die Bibel einmal nicht als Gesetzbuch, sondern als das Ergebnis eines sehr enttäuschten Menschenfreundes.

Alles was du dir wünschst und darüber hinaus will ich dir und deinen Kindern geben, verspricht Gott den Kindern Israel immer und immer wieder. „In der Stadt und auf dem Feld schenkt er euch Gedeihen. Das Glück wird euch begleiten, wenn ihr auszieht und wenn ihr wieder heimkehrt" (5. Mose 28,3.6). Gibt es etwas Besseres?

Gottes Quellen versiegen nie. Er gibt auch nicht widerwillig und verschließt sich nicht. Wie hingebungsvolle Eltern muss Gott sich vielmehr oft bremsen, damit er seinen Kindern nicht *zu viel* gibt! Sie werden keine Stelle finden, wo Gott zu Israel sagt: „*Was* willst du? Etwa schon wieder gesegnet werden?"

Gott führt im Himmel nicht Buch aus Angst, er könne Ihnen versehentlich auf Kosten eines Anderen zu viel Segen schenken. Sie können Ihre Quote der Ihnen von Gott zugedachten Güte ohnehin nie ausschöpfen. Und Sie können sein liebevolles Empfinden, das er seinen Kindern gegenüber hat, nie überschätzen.

Mir gefällt eine Geschichte, die über Georg Müller, einen großen Beter, erzählt wird. Sie macht deutlich, dass wir Gottes Segen nie unverschämt ausnützen können.

Aus irgendwelchen Gründen musste Pastor Müller mit seiner Familie und seinem Amt innerhalb Englands umziehen. Einen ganzen Tag lang trugen Möbelpacker seinen gesamten Haushalt über einen Berg zu einem Frachtschiff hinunter, das sie an ihren neuen Wohnort bringen sollte. Als das Schiff vom Ufer abstoßen wollte, stellte man fest, dass sich alles sicher an Bord befand bis auf ein Teil – Georg Müllers Lieblingssessel. Doch der Kapitän wollte wegen des Sessels die Abfahrt nicht verzögern.

Müller stand also auf Deck und betete laut: „O Herr, bitte beeil dich und bring mir meinen Stuhl!"

Der Kapitän spottete über diesen merkwürdigen Pfarrer, der den allmächtigen Gott mit einer so dummen Bitte belästigte und gab seiner Mannschaft den Befehl: „Leinen los!"

Genau in diesem Augenblick keuchte ein Mann über den Hügel. Er rannte und er trug Georg Müllers Lieblingssessel auf dem Kopf.

So ist Ihr und mein Vater! Es macht ihm Freude, uns zu beschenken, uns reichlich, überschwänglich, über jedes Erwarten zu beschenken. Das ist sein unveränderliches Wesen. Und er ist heute bei Ihnen und sucht nach einer neuen Gelegenheit, Ihnen sein Allerbestes zukommen zu lassen.

Gibt es eine Sorge in Ihrem Herzen, einen Lebensbereich, in dem Sie sich Gottes Zuwendung wünschen, der Ihnen aber immer zu persönlich, zu dumm oder nervig erschien, sodass Sie Gott Ihre Bitte nicht vorgetragen haben? Stellen Sie sich einen Augenblick vor, wie sich Ihr Leben verändern würde, wenn Gott sich darum kümmerte. Versuchen Sie sich mit den Augen des Vaters zu sehen und stellen Sie sich vor, wie sehr er Ihnen seine Liebe auf seine unvergleichliche Art zeigen möchte.

Nehmen Sie heute die Gelegenheit wahr und werfen Sie alle Zweifel über Bord, die seine Güte begrenzen. Wie jeder liebende Vater sorgt sich Gott um Ihr Herz, um alles, was Sie betrifft. Es gibt nichts in Ihrem Leben, was Gott zu dumm wäre. Keine nagende Sorge, kein Bestreben oder Wunschtraum liegt oberhalb der Quote guter Dinge, die er Ihnen zukommen lassen kann und will. Vertrauen Sie ihm. Bitten Sie den Herrn heute um das, was Sie sich wünschen.

Und halten Sie Ihren Blick auf die Spitze des Hügels gerichtet.

Anregung für Ihr Tagebuch

Da ich meine Quote an Gottes Güte und Zuwendung und seinen Wunsch, mich heute zu segnen, nicht ausschöpfen kann, um was soll ich bitten?

Wenn Sie durch Bitten alles gewinnen und nichts verlieren können, dann bitten Sie doch endlich!

W. C. Stone

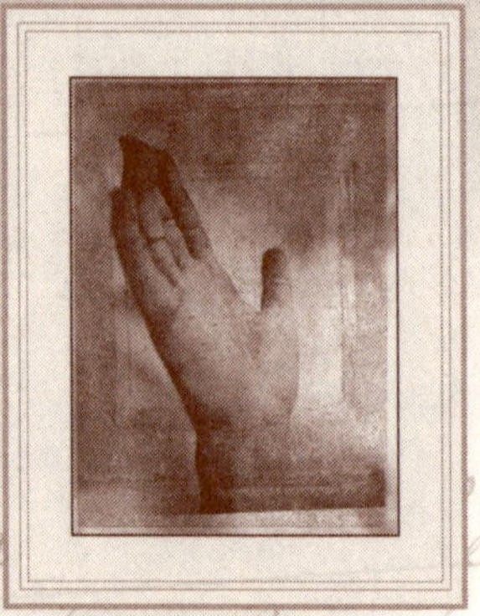

mich und erwei ... et!

Steh mir bei und erweitere

mein Gebiet

Steh mir bei und halte

mich und erweitere mein Gebiet!

Steh mir bei und halte Ung

Zweite Woche

Herr, erweitere mein Gebiet!

Erwarte große Dinge von Gott;
erstrebe große Dinge für Gott.
William Carey

8. Tag:

Das Ziel weiter stecken

... könnt ihr den Vater um alles bitten, was ihr wollt, und ihr werdet es bekommen. Wenn ihr reiche Früchte bringt, erweist ihr euch als meine Jünger.

Johannes 15,7b–8a

Stellen Sie sich vor, dass Gottes Zeigefinger das himmlische Telefonverzeichnis entlang fährt. Er beginnt beim Buchstaben A, berührt Zeile für Zeile, Kolumne um Kolumne und sucht nach einem Namen, der zwischen seinen geliebten und erlösten Menschen steht. Neben welchen Namen wird sein Finger langsamer, bis er schließlich anhält? Schauen Sie ganz genau hin. Sein Finger liegt auf Ihrem Namen.

Warum ich das glaube? Weil Sie vor einiger Zeit, vielleicht ist das noch gar nicht so lange her, eine Lebensbilanz gezogen und gesagt haben: „Ich möchte mehr, Herr. Ich möchte mehr *von* dir, damit ich mehr *für* dich tun kann."

Der zweite Teil des Jabez-Gebetes ist der Aufschrei eines Neuland-Siedlers und Pioniers. Er schaut auf seine gegenwärtigen Lebensumstände und kommt zu der Erkenntnis: „Das darf noch nicht alles gewesen sein. Ich bin zu mehr geboren."

Und darum betet er: „Bitte segne mich, und lass mein Gebiet größer werden!" Je nach Übersetzung kann das Wort *Gebiet* auch als *Küste* oder *Grenze* bezeichnet werden. Im übertragenen Sinn sind damit die Grenzen Ihres Einflussbereichs, Ihres Besitzes oder Ihrer Verantwortung gemeint.

Ich glaube, wir können mit Sicherheit davon ausgehen, dass Jabez nicht an Wachstum um des Wachstums willen gedacht hat oder an mehr Raum auf Kosten anderer oder an die Möglichkeit, leicht an Geld zu kommen. Warum ich das glaube? Weil die Bibel ihn als „angesehener als seine Brüder" charakterisiert. Die Bitte und die Motive von Jabez müssen im Einklang mit Gottes Zielsetzung gestanden haben, sonst wäre er nicht mit einem solchen Lob geehrt worden.

Als Mann der Landwirtschaft verstand Jabez, dass die Größe seiner

Felder dem, was er für Gott tun kann, Grenzen setzt. Schließlich konnte ein Stück Land nur einen begrenzten Lebensunterhalt oder eine bestimmte Erntemenge einbringen. Er brauchte mehr Möglichkeiten, wenn er seinen Ertrag steigern wollte.

So kann die Bitte um Segen eine heilige Bitte auch in Ihrem Leben werden. Die Bitte um mehr Land für Gott ist eine heilige Absicht. Ein solcher Eifer ehrt Ihren Vater.

Können Sie sich vorstellen, dass ein Warenhausbesitzer sich ärgert, wenn ein Angestellter sagt: „Ich möchte noch mehr Anstrengungen unternehmen, damit dieses Kaufhaus zu einem wahren Bienenstock für den Besitzer wird."

Können Sie sich vorstellen, dass eine Mutter ärgerlich wird, wenn ein Kind sie fragt: „Mami, wie kann ich dir helfen?"

Genauso antwortet Gott Ihnen mit Freuden und beschenkt Sie, wenn Sie ihn um mehr Möglichkeiten für sein Reich bitten.

Fragen Sie sich: *Bitte ich Gott um mehr, damit ich mehr für ihn tun kann?*

Gott wartet auf einen jeden von uns, damit er uns eine bessere Vision für unser Leben geben kann – eine Vision, die mit seiner Vision übereinstimmt – eine Vision, für die wir uns mit ihm einsetzen, damit sie Wirklichkeit wird. Um für Gott fruchtbarer zu werden, brauchen wir mehr Gelegenheiten. Wir müssen die Gelegenheiten erkennen, die uns bereits umgeben und die wir bislang ständig übersehen haben.

Egal wie oft wir Gott um dieses „Mehr" bitten, wir dürfen sicher sein, dass er unsere Bitten hört, ihnen zustimmt und Pläne für unseren überreichen Erfolg hat.

Anregung für Ihr Tagebuch

Wer hat die Grenzen in meinem Leben festgelegt? Die Lebensumstände? Andere Menschen? Ich selbst?

Aus Gründen, die nur Gott kennt, hat er sich vorgenommen, durch Männer und Frauen zu wirken, die bereit sind, für die „Sache", die er ihnen aufs Herz gelegt hat, Opfer zu bringen.

Andy Stanley

9. Tag:

Was ist mein Gebiet?

Seht euch die Felder doch an!
Das Korn ist schon reif für die Ernte.
Johannes 4,35b

Vor einiger Zeit habe ich von einer Frau namens Shannon in Arkansas einen Brief bekommen. Sie hatte damit begonnen, das Gebet des Jabez zu beten. Sie schrieb: „Ich bekam mehr Gelegenheiten, Zeugnis von meinem Glauben abzulegen und Leuten in Not zu helfen, als je zuvor in meinem Leben als Christ." In ihrem Brief kam zum Ausdruck, dass sie immer noch denselben Beruf ausübt, in derselben Familie lebt und auch ihr Tagesablauf der gleiche geblieben ist. Und doch hat sich ihr Leben so sehr verändert, dass sie mir mitteilte: „Ich muss unbedingt ein Tagebuch führen. Bestimmt werde ich überrascht sein, was noch alles geschehen wird."

Shannon streckt sich nach neuen Lebensgebieten aus und Gott erhört sie. Vielleicht fragen Sie sich, um welches „Gebiet" es in Ihrem Leben geht: Sollte ich vielleicht verstärkt in meiner Gemeinde mitarbeiten? Oder an einer Straßenecke zu predigen beginnen? Oder als Missionar nach Afrika gehen? Möglicherweise können Sie nicht klar erkennen, wie Sie beten oder was Sie erwarten sollen.

Wenn Sie sich heute diese Frage stellen, ist die Antwort schlicht und einfach: Ihr Gebiet ist die ganze Welt. Jesus sagt: „Geht hinaus in alle Welt und verkündet das Evangelium ..." Sie müssen nicht befürchten, dass Sie um etwas bitten, was Gott nicht haben will. Es ist sein Wille, die ganze Welt zu erreichen. Und dazu benötigen Sie ein größeres Gebiet.

Männer und Frauen, die die Welt für Gott am stärksten bewegt haben, baten um ganze Länder. Auf dem Weg in den Orient flehte zum Beispiel der Pionier-Missionar Hudson Taylor: „Gib mir China oder ich sterbe!" Bei seinem Tod, 50 Jahre später, bestand die Missionsgesell schaft, die er gegründet hatte, aus 849 Missionaren, die mehr als 125.000 Chinesen zu Christus geführt haben.

Ich möchte Ihnen Mut machen, Gott zu bitten, dass er Ihnen heute einen Ausgangspunkt für „die ganze Welt" zeigt. Vielleicht sind es Ihre eigenen herrlichen Kinder. Vielleicht ist es ein bedürftiger Mensch in Ihrer Nachbarschaft oder an Ihrer Arbeitsstelle. Vielleicht ein Mensch aus einer anderen Kultur auf der anderen Straßenseite oder auf der anderen Seite des Globus. Vielleicht ist es eine ganze Nation.

Wie Sie Ihre „ganze Welt" erreichen, hängt ganz allein von Ihnen ab. Die Kinderbuch-Autorin Glenda aus San Diego bat Gott, ihre Grenzen zu erweitern. Kurz darauf erhielt Sie einen Lehrauftrag an einem Institut für Kinderliteratur. „Gott hat mich in der Tat gesegnet!", erzählte sie mir. „Für mich bedeutet das Schreiben für Kinder, sie mit Worten zu lieben."

Schauen Sie sich noch einmal die Berichte von Shannon und Glenda an. Ich erkenne zwei Schlüsselworte. Für Shannon ist es das Wort *Gelegenheit.* Sie führt nach wie vor ihr Leben in Arkansas, aber sie entdeckt neue Gelegenheiten – Gespräche, Kontakte, Aktionen, die sich in ihrem Tagesablauf ergeben. Bei Glenda ist es das Wort *Liebe.* Ihre Begabung als Schriftstellerin und Professorin sind Ausdruck ihrer Herzensmitte: Sie liebt Kinder.

Wenn Sie sich noch nicht sicher sind, wo Ihr erweitertes Gebiet heute liegt, stellen Sie sich zwei einfache Fragen:

Welche Gelegenheit habe ich übersehen?
Was tue ich von Herzen gern?

„Macht doch eure Augen auf und seht euch um!", fordert Jesus uns inständig auf. „Die Felder sind reif zur Ernte!" Gott möchte immer *hier und heute* mit Ihnen beginnen. Er erwartet nicht, dass Sie sich verändern, bevor er Sie gebrauchen kann. Er erwartet nicht, dass Sie Ihre vertraute Umgebung verlassen.

Ihr Vater kennt Sie durch und durch. Er hat Ihnen bereits strategische Möglichkeiten, Interessen, Fähigkeiten und Leidenschaften an die Hand gegeben. Das sind die Startlöcher, von denen aus er die Welt durch Sie erreichen will.

Anregung für Ihr Tagebuch

Öffne mir heute die Augen, Herr, damit ich das erweiterte Leben, in das du mich rufst, erkenne.

Wir leben alle unter demselben Himmel,
aber wir haben nicht alle den gleichen Horizont.
Konrad Adenauer

Die meisten Menschen laufen nie weit genug mit ihrem
ersten Atemzug, sodass sie nicht erkennen können,
dass es noch einen zweiten für sie gibt. Stecken Sie alles,
was Sie haben, in Ihre Träume und Sie werden staunen,
welche Energie Sie mit sich bringen.
William James

10. Tag:

Die Planung vorantreiben

Wir selbst sind ganz und gar Gottes Werk.
Durch Jesus Christus hat er uns so geschaffen, dass wir nun Gutes tun können. Er hat sogar die guten Taten schon geschaffen, die wir nun auch tun können.
Epheser 2,10

Ich habe das Gefühl, dass wir bereits so viel besitzen, dass diese Fülle uns mehr als alles andere davon abhält, Gott um ein erfüllteres Leben zu bitten. *Warum sollte ich Gott um ein größeres Gebiet bitten?*, fragen wir uns. *Ich werde jetzt schon nicht mehr mit allem fertig!*

Ich erinnere mich gut an den verzweifelten Gesichtsausdruck von Gerald, als er versuchte, mir klar zu machen, dass dieser Teil des Jabez-Gebetes für ihn nicht in Frage komme. Gerald ist Führungskraft eines sehr großen amerikanischen Industrieunternehmens. Vom Morgengrauen bis in den Abend teilt er seine Zeit im 15-Minuten-Takt ein – jede Minute ist durchgeplant. „Bruce, ich habe einfach keine Zeit mehr für *irgendetwas* anderes", berichtete er mir.

„Klingt sehr viel versprechend", antwortete ich zu seinem Erstaunen. „Lass uns abwarten, was Gott tun kann." Ich schlug ihm vor, seinen Terminkalender für die nächste Woche Gott vorzulegen. „Bitte Gott, deine Grenzen zu erweitern, Gerald. Bitte ihn, dass er dir in deinem Tagesplaner genau die Stelle zeigt, an der du seine Möglichkeit erkennst!"

Als wir uns in der darauf folgenden Woche trafen, fragte ich Gerald, ob Gott ihm schon einen 25-Stunden-Tag geschenkt habe.

Er lachte. „Nein, aber ich habe eine ganze Woche geschenkt bekommen", antwortete er.

Gerald erzählte mir daraufhin von seinem persönlichen Durchbruch. Durch die kreative Anwendung einer neuen Arbeitstechnik war er nun in der Lage, seinen Wirkungsgrad zu vervielfachen. Hinzu kam, dass

er im ganz normalen Tagesablauf Gespräche mit Mitarbeitern geführt hatte, die Gott arrangiert haben musste!
„Ich spüre, dass eine übernatürliche Kraft am Werk ist, die mein Leben entsprechend eines übergeordneten Plans umorganisiert", sagte er. „Ich habe nicht *mehr* Zeit, aber Gott hilft mir, meine Zeit *anders* zu nutzen."
Haben Sie schon einmal das Gefühl gehabt, dass Gott Ihr ohnehin schon hektisches Leben nur noch mehr ankurbeln müsste, damit Sie die Gelegenheit hätten, auch Ihre Grenzen zu erweitern?
Dann seien Sie beruhigt, denn mit dieser Empfindung sind Sie nicht allein. Aber Sie sollten wissen, dass Gott ganz unterschiedliche Wege hat, Ihren Einfluss und Ihren Einsatz zu vergrößern. Ich kann Ihnen versichern, dass Sie Gottes Wirken auf mindestens drei überraschende Arten bemerken werden:

- Wie Gerald werden Sie feststellen, dass Gott Ihre Tagesabläufe und Gelegenheiten auf strategischere Weise für Sie arrangiert. Sie werden den Eindruck bekommen, dass Gott Ihr Chef-Planer geworden ist.
- Sie werden keine zusätzliche Stunde am Tag dazu bekommen. Aber Sie werden effektivere Wege finden, die Ihnen zur Verfügung stehenden Stunden zu nutzen. Der Heilige Geist wird Ihnen Wege zeigen, wie Sie Ihren Wirkungsgrad verdoppeln und Ihre Gelegenheiten in den normalsten Augenblicken beeinflussen können. Ein Fußweg zur Arbeit, ein Telefongespräch mit einem Freund, ein Fest in Ihrer Stadt – all das sind Jabez-Gelegenheiten, Gott am Werk zu entdecken.
- Sie werden erkennen, dass da, wo sich Ihre Grenzen in bestimmten Gebieten ausweiten, andere Grenzen enger werden. Dinge, die vorher eine Rolle spielten, werden in Ihrer Prioritätenliste nach unten rutschen.

Bitten Sie Gott, heute Ihre Zeitgrenzen und Lebensumstände in die Hand zu nehmen. Bitten Sie ihn, sie zu zerbrechen und sie zu vervielfachen, wie er es für den kleinen Jungen tat, der Jesus die fünf Brote und zwei Fische zur Verfügung stellte.

Und machen Sie sich auf Wunder gefasst. Er ist schließlich schon lange auf ein außergewöhnliches Leben für Sie vorbereitet, mit dem Sie heute beginnen können!

Anregung für Ihr Tagebuch

Wie war es möglich, dass ich es zugelassen habe, dass das Ticken der Uhr das Tosen der Ewigkeit übertönen konnte?

Sagen Sie nie einem jungen Menschen,
dass etwas unmöglich sei. Gott hat vielleicht schon seit
Jahrhunderten darauf gewartet, dass einer unwissend genug ist,
um das Unmögliche möglich zu machen.
John Andrew Holmes

11. Tag:

Das Gesicht der Angst

Ich sage dir noch einmal: Sei tapfer und entschlossen!
Lass dich durch nichts erschrecken und verliere nie den Mut;
denn ich, der Herr, dein Gott, bin bei dir, wohin du auch gehst.
Josua 1,9

Haben Sie schon einmal festgestellt, wie schnell Angst aufkommt, wenn Gott sein Volk darauf vorbereitet, mehr Land für ihn einzunehmen?

Das wird da deutlich, wo Gott mit Abraham, Jakob, Mose, Gideon und David spricht. Das wird auch da deutlich, wo Jesus mit seinen Jüngern spricht. „Habt keine Angst", sagt er ihnen immer wieder nach seiner Auferstehung. Und als er sie in die ganze Welt hinaussendet, verspricht er ihnen: „Ich bin immer bei euch, jeden Tag, bis zum Ende der Welt!" (Matthäus 28,20).

Angstgefühle und Neuland erobern gehören demnach offensichtlich zusammen. Die Worte unserer heutigen Tageslese sprach Gott zu Josua in einem Schlüsselmoment seines Lebens. Am nächsten Tag sollte er das israelitische Heer über den Jordan führen. Das Verheißene Land lag auf der anderen Seite des Flusses. Jeder Zentimeter würde von einem starken Feind verteidigt werden. Gott kannte Josuas Angst und er kannte die falschen Vorstellungen, auf denen seine Angst beruhte. Sie waren der erste und vielleicht der gefährlichste Feind, dem er auf seinem Feldzug begegnete.

Ich habe festgestellt, dass Ängste, die uns daran hindern, für Gott Land zu gewinnen, fast immer auf einer unwahren oder fehlgesteuerten Vermutung über uns selbst oder über unsere Lebensumstände oder über Gott beruhen. Sie hindern uns, all das Gute zu erreichen, das Gott uns zu unserem Besten zugedacht hat.

So gibt es zum Beispiel Ängste, in die viele geraten, die auf einer ganzen Reihe von Lügen basieren: *Meine Leistungsfähigkeit ist von mir abhängig. Meine Sicherheit ist von mir abhängig. Mein Erfolg ist von mir abhängig.* Selbst wenn unsere Gefühle von diesen Lügen bestimmt werden, müssen wir ihnen denn *wirklich* Glauben schenken? Nein. In Wirklichkeit haben wir viel Grund, etwas anderes zu glauben. Gottes persönliche Verheißungen, seine Vertrauenswürdigkeit durch alle Zeitalter hindurch und unsere Lebenserfahrungen begründen vielmehr eine Reihe von Wahrheiten, die sich nicht leugnen lassen: *Wohin Gott mich auch führt, er sorgt für mich. Was immer er von mir erwartet, er gibt mir die Kraft, es zu tun.* Und: *Es ist viel angenehmer, sich auf Gott zu verlassen als auf sich selbst.*

Es gibt eine verbreitete Lüge der Angst, die viele davon abhält, sich auf Gott zu verlassen: *Ich dürfte keine Angst haben, wenn ich das tun würde, was Gott von mir erwartet. Weil ich Angst habe, kann Gott nicht hinter dieser Sache stehen.*

Könnte diese Angst Sie von dem Segen Gottes und dem Einfluss, den Sie sich so sehr wünschen, abhalten? Schauen Sie noch einmal genau hin. Sie werden erkennen, wo die Wurzeln dieser Täuschung liegen:

- Sie gründen Ihre Rückschlüsse auf Ihr Gefühl.
- Sie setzen unliebsame Angstgefühle mit einer schlechten Idee gleich.
- Sie ziehen den Schluss, dass Angst mit fehlendem Mut oder Vertrauen zu tun hat.

Das sind alles Lügen!

Gott kümmert sich heute um Ihre Sorgen und Ängste und um Ihr zitterndes Herz. Aber Gott möchte nicht, dass diese Gefühle bestimmen, was Sie glauben, was Sie tun oder wer Sie werden. Jesus sagte zu seinen Jüngern: „Sei ohne Angst, du kleine Herde! Euer Vater will euch seine neue Welt schenken“ (Lukas 12, 32).

Josua würde Ihnen heute sagen: Ganz gleich wie Sie sich fühlen, Tatsache ist, Sie sind nicht allein. Gott wird für Sie streiten. Und Sie können trotz aller Ängste, die Sie vielleicht verspüren, voranschreiten und das neue Land einnehmen, das Gott Ihnen gibt.

Anregung für Ihr Tagebuch

Welche Angst lähmt mich heute? Und welche Lüge gibt dieser Angst so viel Macht über mich? Wenn mich diese Angst das nächste Mal packt, was soll ich dann tun?

Hab keine Angst, einen großen Schritt zu wagen. Mit zwei kleinen Sprüngen lässt sich eine Kluft nicht überwinden.

David Lloyd George

Denn der Geist, den Gott uns gegeben hat, macht uns nicht zaghaft, sondern gibt uns Kraft, Liebe und Besonnenheit.

2. Timotheus 1,7

12. Tag:

Hier ist doch alles so schön bequem

„Darum teile mir nun das Bergland, von dem der Herr gesprochen hat, als Eigentum zu. Du weißt noch von damals, dass dort die Anakiter in großen, stark befestigten Städten wohnen. Vielleicht steht der Herr mir bei, sodass ich sie vertreiben kann; er hat es mir ja zugesagt." Josua segnete Kaleb und gab ihm die Stadt Hebron als Erbbesitz.

Josua 14, 12–13

Frage ich Christen in unserer westlichen Welt, was sie davon abhält, Gott um mehr Vollmacht zu bitten, bekomme ich überall die gleiche Antwort: „Wenn ich mich Gott ganz zur Verfügung stelle, wird er mich bestimmt nach Afrika schicken! Ich glaube nicht, dass ich mit den Schwierigkeiten und Gefahren dort leben könnte."

Allein dieses Wort *Afrika* steht für das schrecklichste Geschick, dass viele Christen sich ausmalen können. Und genau diesen Horror wird der „liebende" Gott ihnen ganz gewiss aufbürden, *falls* sie ihm auch nur den kleinen Finger reichen! (Interessanterweise haben meine Zuhörer in Afrika ihre eigene Horrorvorstellung, wenn ich Ihnen diese Frage stelle. Für sie ist es – *New York*! „Da ist es so gefährlich!", erklären sie mir.)

Klingt Ihnen diese Denkweise vertraut? Falls ja, sind Sie ganz normal. Wir alle fürchten, unsere Bequemlichkeiten aufgeben zu müssen. In unserem Herzen wohnt ein ängstliches kleines Kind, das sich nichts so sehr wünscht, als in seiner vertrauten Umgebung bleiben zu dürfen.

Und darum gefällt mir die Geschichte von Kaleb. In dem Bibelvers für heute wendet er sich an seinen Freund und Kriegskameraden Josua. Seitdem sie Ägypten verlassen hatten, haben sie gemeinsam viel Schweres durchgemacht. Vor 45 Jahren hatten sie zu der Gruppe von Kundschaftern gehört, die Mose als Spione in das Land Kanaan vorausgeschickt hatte. Sie waren die Einzigen gewesen, die darauf vertraut hatten, dass Gott dem Volk Israel helfen würde, das Gelobte Land

auch gegen eine enorme Übermacht einzunehmen. Inzwischen sind die beiden Gottesstreiter über 80 Jahre alt geworden. Fast ganz Kanaan ist zu diesem Zeitpunkt erobert und General Josua ist damit beschäftigt, das Land an die Stämme Israels gerecht aufzuteilen.
Kaleb dagegen erhebt immer noch seinen Anspruch auf das Land, das Mose ihm für seine Tapferkeit als Kundschafter versprochen hatte, weil „er dem Herrn gehorcht und vertraut hatte“ (Josua 14,9). Ja, Kaleb ist sogar bereit, es für sich und seine Familie zu erkämpfen, wenn es sein muss. Und genau das geschieht: Nachdem er Josuas Segen empfangen hat, führt Kaleb ein Heer über die Berge und erobert Hebron und noch eine weitere Stadt. Und das mit 85 Jahren! Kein Wunder, dass dieser Mann als einer der größten Krieger in die Geschichte Israels eingeht.
Kaleb erinnert mich an eine wichtige Wahrheit bezüglich Bequemlichkeiten: *Wenn du willst, dass Gott dir sein Bestes gibt, plane nicht, es dir zu lange an einem Ort bequem zu machen.*
Haben Sie gemerkt, dass zum Komfort auch Bewegung gehört? Ich meine damit, dass Sie von einem kleineren Komfortbereich in einen größeren ziehen. Ihr nächster Komfortbereich wird noch größer sein. Und in jedem neuen Bereich werden Sie wieder im gleichen Maße Sicherheit oder Angst empfinden. Aber Ihr Bereich ist größer geworden.
Während Sie in Ihrem Leben Ihre Territorien erweitern, werden Sie voraussichtlich von Komfort über Unbehagen zum nächsten Komfort schreiten. Und so sieht dieser Zyklus aus:

- Komfort – Sie empfinden Ruhe und Sicherheit, während Sie Ihr Gebiet bearbeiten. Mit Gottes Hilfe sehen Sie einen Berg, den es zu bewältigen gilt.
- Unbehagen – Sie haben Angst, fühlen sich überfordert und wollen der neuen Herausforderung ausweichen. Aber mit Gottes Hilfe „fassen Sie Mut“ und bewältigen den Berg.
- Komfort – Sie fühlen sich erleichtert, im Glauben gestärkt, sind dankbar und werden wieder ruhig.

Sie haben solche Zyklen bereits früher erlebt, vielleicht als Sie im Sport weitergekommen sind oder im Beruf oder Ihrem sozialen Umfeld. Vielleicht haben Sie diesen Kreislauf auch in Ihrer Gemeindeaktivität erfahren: Möglicherweise haben Sie bei der Betreuung hilfsbedürftiger Menschen angefangen, dann haben Sie in der Jugendarbeit geholfen und heute leiten Sie eine Jungschargruppe von Zwölfjährigen und freuen sich auf jede Minute mit den Kids. In allen Bereichen sind Sie durch Unbehagen zum Wohlbehagen gelangt und Sie sind von einem neuen Unbehagen zu einem umfangreicheren Dienst vorgedrungen. *Wo, glauben Sie, befinden Sie sich zur Zeit in diesem Komfort/Unbehagen-Zyklus? Was schließen Sie daraus? Wohin will Gott Sie als nächstes führen?*

Zahllose Christen lassen es zu, dass ihre Ängste sie aus der Spur bringen, *weil sie meinen, dass Angst ein Stoppzeichen von Gott ist* (und Mut „weiterfahren" bedeutet). Wenn wir in der Nachfolge Angst verspüren, sind wir aufgefordert, „mutig zu sein". Es ist tatsächlich so, dass Menschen, die für Gott Großes erreichen, mutig auf den Unbehagen-Bereich zulaufen, weil das genau die Stelle ist, an der sich neue Gebiete auftun. Wenn Sie dem Herrn folgen und Aufgaben übernehmen, wird Gott immer wieder mit einer größeren Idee bei Ihnen anklopfen. Wie Sie sehen, möchte er, dass alle seine Söhne und Töchter zu einem Kaleb und Jabez werden! Und eines Tages wird Ihnen Gottes Idee, Sie nach Afrika oder New York zu schicken, wie eine neue wunderbare Gelegenheit vorkommen, bei der Sie erfahen dürfen, wie Gott seine Zusagen einhält.

Anregung für Ihr Tagebuch

Herr, um welche Berge soll ich dich heute in deinem Namen bitten?

Ein Schiff im Hafen ist sicher. Aber um im Hafen zu liegen, sind Schiffe nicht gebaut.

William Shedd

Aber alle, die auf den Herrn vertrauen, bekommen immer wieder neue Kraft, es wachsen ihnen Flügel wie dem Adler. Sie gehen und werden nicht müde, sie laufen und brechen nicht zusammen.

Jesaja 40,31

13. Tag:

Jabez-Begegnungen

Seid immer bereit, Rede und Antwort zu stehen,
wenn jemand fragt, warum ihr so von Hoffnung erfüllt seid.
1. Petrus 3,15

Es war an einem Tag auf einer Autobahn im Bundesstaat Missouri. Jeff begann zu beten. Er betete an diesem Tag um die Erweiterung seines Gebietes und dachte dabei an seine Mitarbeit im Gemeindeteam im kommenden Jahr. Gott aber dachte an einen Anhalter am Straßenrand.

„Normalerweise nehme ich eigentlich keine Anhalter mit, Bruce", erzählte er mir später. „Aber ich hatte gerade, während ich meinen Wagen lenkte, Gott gebeten, mein Gebiet zu erweitern. Da bemerke ich plötzlich im Augenwinkel einen Typ, der eine Mitfahrgelegenheit sucht."

Für den Fall, dass der Mann am Straßenrand zu seinen Jabez-Verabredungen gehören sollte, fuhr Jeff an die Seite und der Anhalter sprang ins Auto.

Als Jeff seinen Wagen wieder auf den Highway lenkte, sagte sein Fahrgast etwas, was Jeff nie mehr vergessen wird: „Ich bin wirklich kein frommer Mensch", begann der Anhalter das Gespräch. „Aber ich stellte mir vor, dass ein Christ für mich anhalten würde. Und so bat ich Gott um Hilfe."

Herr, du bist wunderbar!, hätte Jeff fast laut ausgerufen. Von diesem Moment an war er sich ganz sicher, dass er das Rendezvous mit einem Wunder nicht verpasst hatte. Und er behielt Recht. Denn bis zur nächsten Tankstelle hatte Jeff seinen Begleiter mit einer persönlichen Beziehung zu Jesus Christus als seinen Retter und Heiland bekannt gemacht.

„Wenn ich Gott heute um ein neues Territorium bitte", sagt Jeff, „bitte ich um bessere Augen, damit ich erkenne, was auf mich zukommt – und ich bitte um eine Gesichtsfelderweiterung!"

Wer aufmerksam auf Gottes Segnungen achtet, lernt dabei zu erken-

nen, wie viel Gutes Gott täglich in seinem Umfeld tut. Und das ist ein ganz aufregender Aspekt unseres Glaubenslebens.
Jesus sagt: „Mein Vater ist ständig am Werk“ (Johannes 5,17). *Ständig. An jedem Tag.* Sind Sie darauf vorbereitet? Achten Sie darauf? Wissen Sie auch, wonach Sie Ausschau halten?
Sie können heute damit anfangen, „das Gute, das der Vater tut“ zu entdecken. Hier sind fünf Schlüssel, die mir geholfen haben, meinen Blick zu öffnen und Gott zu begegnen:

1. *Jeder hat eine Not.* Jesus hatte Mitleid, als er die Menge sah. Warum? Weil er wusste, was sich im Herzen eines jeden Menschen befand, und weil er wusste, dass er das hatte, was sie am meisten brauchten. Durch seinen Geist bin ich Christi Stellvertreter in meiner notvollen Ecke der Welt. Jeder, dem ich heute begegne, wartet auf diese Begegnung.
2. *Gott möchte mich gerade jetzt gebrauchen.* Es liegt nie an Gott, durch mich einer Not zu begegnen. Es liegt immer an meinem Willen, ob ich mich von ihm gebrauchen lasse. Jesaja hörte Gottes Stimme, die fragte: „Wen soll ich senden? Wer ist bereit, unser Bote zu sein?“ (Jesaja 6,8). Obwohl Jesaja ganz genau wusste, was für ein Opfer das für ihn bedeuten würde, antwortete er sofort: „Ich bin bereit, sende mich!“ (Vers 8).
   Gott hält nach Menschen Ausschau, die für himmlische Begegnungen offen sind. Wenn ich einen Blick auf Gottes Terminplaner werfen könnte, wo und wann er mich einsetzen möchte, würde ich sehen, dass er *gerade in diesem Augenblick* einen Termin für mich hat!
3. *Gottes Terminkalender für mich ist voller Überraschungen.* Es gibt Tage, an denen kommt Gottes Plan für mich überraschend von „links außen“ auf mich zugeflogen. Sie heißen bei mir „die Tage aus dem linken Spielfeld“. Um diese richtig wahrnehmen zu können, braucht es jedoch eine Gesichtsfelderweiterung, wie Jeff so richtig festgestellt hat, und nicht den starren Blick nach geradeaus. „Mache nie den Fehler, Gottes Antwort auf deine Gebete vorherzusagen“, rät Oswald Chambers in diesem Zusammenhang.

In den ersten Kapiteln der Apostelgeschichte wird berichtet, dass sich die Jünger Jesu, nachdem der Heilige Geist sie überrascht hatte, immer wieder auf etwas Neues einstellen mussten. Einen Lahmen heilen? Vor Tausenden predigen? Zu einem Äthiopier in den Wagen springen? Schweinefleisch mit einem nichtjüdischen Wahrheitssuchenden essen? Ja! All das gehört zu einem Alltag, in dem Gottes Kinder beim Eingreifen Ihres Vaters auf dieser Erde mitwirken dürfen.

4. *Die Bedürfnisse anderer* oder der Wunsch bzw. die Fähigkeit Gottes, diesen Bedürfnissen zu begegnen, sind nicht das Problem, sondern allein meine Bereitschaft zur Mitarbeit. Darum bete ich regelmäßig: „Herr, bitte lass mich erkennen, was du in mir und durch mich heute tun willst! Bitte, lass mich nichts verpassen!" Und ich habe gelernt, dass „mein Vater täglich am Werk ist", und zwar genau dort, wo ich bin: im Flughafen, in einem Café, in einem Korridor meiner Firma, in meinem Vorgarten, in einem Aufzug ...
5. *Darum ist es immer richtig zu fragen:* „Wie kann ich Ihnen helfen?" Ich nenne sie meine Jabez-Frage. Oft klingen diese fünf Wörter klein, flach und schwach. Und doch benutzt Gott diese einfache Frage sehr gern, um eine Begegnung mit einem anderen Menschen zu ermöglichen. Probieren Sie es aus. Wenn Sie jemanden fragen: „Wie kann ich Ihnen helfen?", stehen Sie vor einer Jabez-Begegnung. Sie löst möglicherweise Überraschung oder Verwirrung aus, doch versuchen Sie herauszufinden, warum Gott Sie mit genau diesem Menschen zusammengeführt hat.

Gerade heute ist Ihr Vater am Werk. Wenn Sie heute Ihre Augen und Ihren Mund für ihn öffnen, werden Sie ein Wunder erleben, das Ihren Namen trägt.

Anregung für Ihr Tagebuch

Bei welcher Gelegenheit habe ich in vergangener Zeit ganz sicher gespürt, dass ich im Namen Gottes einen Termin mit einem anderen Menschen wahrgenommen habe? Was hat Gott durch mich getan? Was kann ich daraus lernen?

Jesus sagte: „Ich bin in diese Welt gekommen,
damit die Blinden sehend und die Sehenden blind werden.
Darin vollzieht sich das Gericht."

Johannes 9,39

14. Tag:

Die schlichte Wahrheit

..., denn mein Plan mit euch steht fest: Ich will euer Glück und nicht euer Unglück. Ich habe im Sinn, euch eine Zukunft zu schenken, wie ihr sie erhofft. Das sage ich, der Herr.

Jeremia 29,11

Ihr Leben verändert sich, wenn Sie Ihr Denken ändern. Wenn wir aber nicht in die Tat umsetzen, was Gott von uns möchte, schwindet die Wahrheit aus unserem Leben. Jesus verspricht: „Dann werdet ihr die Wahrheit erkennen, und die Wahrheit wird euch frei machen!" (Johannes 8,32). Viele von uns sind Anfänger im Erleben von Gottes Segen, weil wir nicht zugelassen haben, dass die Wahrheit uns frei macht, indem wir unser Denken und Handeln ändern.

Ich hoffe, Sie schauen sich die Begrenzungen Ihres Lebens einmal ganz genau an und beginnen, nach neuen Wegen zu suchen.

Hier ist eine schlichte Wahrheit, die Sie schon heute verändern kann: *Gott möchte, dass Sie sich von Herzen ein erweitertes Leben mit mehr Gelegenheiten, ihm zu dienen, wünschen.*

Und hier eine zweite einfache Wahrheit: *Ganz gleich, wie sehr Gott Ihr Gebiet erweitern will, er wartet darauf, dass Sie sich diese Erweiterung von ganzem Herzen wünschen und ihn darum bitten.*

Bitten Sie ihn jetzt! Bitten Sie ihn um eine Jabez-Familie – eine gesegnetere und auch einflussreichere Familie –, die alle Menschen in Ihrem Umfeld in Staunen versetzt! Bitten Sie ihn um mehr Geschäftsverbindungen, um mehr Umsatz, um größeren Profit, um größeren Einfluss und um mehr Anerkennung in Ihrem Beruf, um mehr Gelegenheiten, Ihre Mitmenschen zu fragen: „Wie kann ich Ihnen helfen?"

Sie sehen, Gott möchte Ihr Leben mit Wundern überschütten, doch diese geschehen ausschließlich durch seine Kraft. Damit Sie diesen Reichtum aber erleben können, sollten Sie Folgendes tun: Lesen Sie nach, was Gott den Männern seines Volkes gebot, damit sie das Verheißene Land einnehmen konnten:

- Zu Abraham sagte er: „*Das Land gehört bereits dir,* doch du musst dich auf den Weg machen, alles verlassen, was dir vertraut ist und dir Sicherheit gibt. Du musst dich in ein neues, unbekanntes Land begeben."
- Zu Mose sagte er: „*Das Land gehört bereits dir;* aber du musst eine Führungspersönlichkeit werden, eine Leiterfunktion übernehmen und mir dienen."
- Zu Josua sagte er: „*Das Land gehört bereits dir;* aber du musst darum kämpfen."
- Zu dem Volk Israel sagte er, bevor es das Verheißene Land betrat: „*Das Land gehört bereits euch,* aber ihr müsst mir in geduldiger Treue vertrauensvoll folgen."
- Zu dem Volk Israel sagte er, nachdem es das Land in Besitz genommen hatte: „*Das Land gehört bereits euch,* aber ihr müsst glauben und wahrhaftig leben und handeln."

Spricht Gott auch heute mit ähnlichen Worten zu Ihnen? Gott hält einen großen Einflussbereich für Sie bereit. Doch Sie müssen nach den Ihnen bekannten Wahrheiten des Wortes Gottes handeln und diese für sich in Anspruch nehmen. Sonst werden Sie das Land nie besitzen.
Peter, ein Bekannter von mir, nahm mit seinem Sohn Aaron einmal an einer Vater-Sohn-Freizeit zu den Viktoria-Fällen in Zimbabwe teil. Peter dachte, mit dieser Tour und dem Anblick der gewaltigsten Wasserfälle der Welt habe er sich und seinem Sohn eine einmalige gemeinsame Erinnerung geschaffen. Aber nachdem sie die Wasserfälle bewundert hatten, wurde die Aufmerksamkeit des Teenagers auf einen Bungee-Sprung vor den Victoria-Wasserfällen gelenkt.
„Das wäre *die* Erinnerung für mich, Papa!", schwärmte Aaron. „Dabei kann gar nichts passieren! Und Geld dafür habe ich auch!"
Ich weiß nicht, was ich als Vater getan hätte, aber Peter war einverstanden. Nach einer sorgfältigen Untersuchung der Bungee-Ausrüstung und nach der Zusicherung der Betreiber, dass das Seil selbst dann halten würde, wenn Aaron ein Elefant wäre, bezahlte Aaron das Geld, stieg in die Ausrüstung und stürzte sich kopfüber von der Brücke.
Aarons Schrei gellte durch die Luft! Für Sekunden stand Peters Herz

still. Aber das Seil hielt. Und Aaron hatte so viel Spaß an der Sache, dass er gleich einen zweiten Sprung wagte.

Vertrauen Sie Gott genug, dass Sie ihm erlauben, Ihre Denk- und Handlungsweise zu verändern? Als Jabez seine Bitten dem Gott Israels vortrug, warf er seine ganze Zukunft auf die einfache Wahrheit: *Gott ist gut*. Und Gott gab ihm ein weites, neues Leben.

Ich bitte Sie nicht um dummen Leichtsinn, sondern um ein ungewöhnlich starkes, freudiges Vertrauen zu Gott. Er will Sie seine Wahrheit über seine heutigen Pläne mit Ihnen wissen lassen: *Meine Pläne für dich sind ausschließlich gut. Was ich für dich will, ist größer als alles, was du bisher erlebt hast. Und du kannst mir völlig vertrauen.*

Anregung für Ihr Tagebuch

Wenn ich Gott meine Zukunft vollkommen anvertraue, was könnte ich heute für ihn riskieren?

Glaube erwartet von Gott, was alle Erwartungen übersteigt.
Andrew Murray

mich und erweit 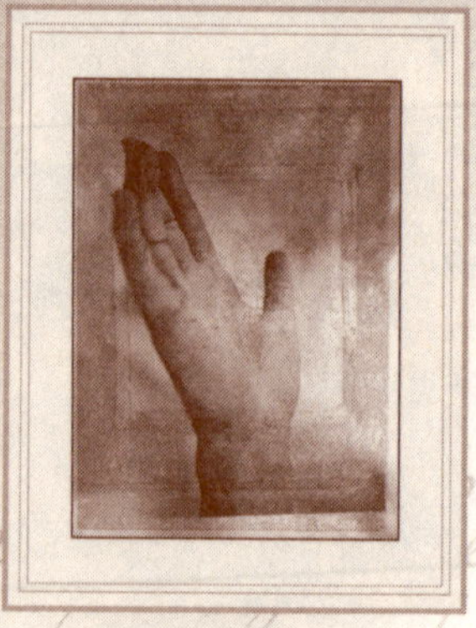 et!

Steh mir bei und erweitere

mein Gebiet

Steh mir bei und halte

mich und erweitere mein Gebiet!

Steh mir bei und halte Ung

Dritte Woche

Herr, steh mir bei!

Gottes Werk, auf Gottes Weise verrichtet, wird nicht ohne Gottes Segen bleiben.

Hudson Taylor

Er gibt die Kraft!

Denn als wir euch die Gute Nachricht verkündeten, geschah das nicht nur mit dem Wort, sondern zugleich mit Taten, in denen sich die Macht Gottes zeigte, mit dem Beistand des Heiligen Geistes und mit großer Überzeugungskraft.
1. Thessalonicher 1,5

Sobald Sie auf einer breiteren Basis für Gott zu leben begonnen haben, werden Sie sehr schnell feststellen, dass neben den großartigen neuen Möglichkeiten überraschend große neue Hindernisse wie Pilze aus dem Boden sprießen. Nur Sie selbst sind wie eh und je klein und schwach geblieben.

Menschlich gesprochen sind das keine beglückenden Augenblicke. Geistlich gesehen ist es allerdings eine verheißungsvolle Gelegenheit. (Jabez spricht von einer „Gott gegebenen Gelegenheit".) Es ist nie ein erhabenes Gefühl, wenn wir uns in einer Zwangslage befinden, in die uns unser kühnes Gebet gebracht hat. Wir befinden uns an den Grenzen unserer Möglichkeiten und uns wird bewusst, dass wir es alleine nicht schaffen können. Man fühlt sich, als sollte man die *Titanic* mit einem Pappbecher leer schöpfen. Wer würde da nicht verzweifeln?

Und doch stellt uns Gott oft vor entmutigende Aufgaben. Er möchte, dass unser Vertrauen wächst, damit es für das, was er mit uns vor hat, ausreicht. In solchen Nöten sind wir quasi gezwungen, unter der Last der Herausforderungen zu Gott zu schreien: „O Herr, reich mir deine Hand!" In Augenblicken unserer eigenen Machtlosigkeit sind wir endlich bereit, ein Gefäß für Gottes Kraft zu sein.

Jabez hat Folgendes verstanden: Er erhielt den Segen, nahm ein weiteres Gebiet ein und stellte sehr schnell fest, dass er seine Grenzen ohne die Kraft aus der Höhe fatal überschritten hatte. Aber anstatt einen Schritt zurückzutreten und Gott um weniger Probleme zu bitten, betete er um mehr Kraft.

In der Bibel ist die Hand (oder der Arm) des Herrn ein Bild für Gottes Macht. Zum Beispiel:

- „Auch war Gottes Hand über Juda, dass er ihnen einerlei Sinn gab zu tun, wie der König und die Oberen geboten hatten nach dem Wort des Herrn." (2. Chronik 30,12 L)
- „Meinst ihr, der Arm des Herrn sei zu kurz, um euch zu helfen ...?" (Jesaja 59,1)
- „Ach, Herr Herr, siehe, du hast Himmel und Erde gemacht durch deine große Kraft und durch deinen ausgereckten Arm, und es ist kein Ding vor dir unmöglich" (Jeremia 32,17 L).

Im Neuen Testament steht der Begriff „die Hand des Herrn" für die erstaunliche Ausbreitung des Evangeliums nach Pfingsten (Apostelgeschichte 11,21). Das gebräuchlichere Synonym für *Gottes Hand* ist im Neuen Testament der Heilige Geist. Kurz bevor Jesus in den Himmel fuhr, sagte er: „Aber ihr werdet mit dem Heiligen Geist erfüllt werden, und dieser Geist wird euch die Kraft geben, überall als meine Zeugen aufzutreten" (Apostelgeschichte 1,8).
Haben Sie schon einmal versucht, für Gott ein Gebiet zu erobern – vielleicht sogar für ihn gesprochen – und plötzlich stellten Sie fest, dass Sie der Aufgabe gar nicht gewachsen waren? Ich kann Ihnen nicht sagen, wie viele Male ich meine Hände zum Himmel gestreckt und Gott angefleht habe: „Nein! Das ist nicht möglich!" Und ich kann Ihnen auch nicht sagen, wie oft Gott in einer solchen Auseinandersetzung das letzte Wort behielt.
Vor einigen Jahren betete ich als Mitverantwortlicher von *WorldTeach* um viele, viele Bibellehrer in der ganzen Welt. Wir hatten uns ein weites, möglicherweise ein zu weites Ziel gesteckt. Wenn wir dieses Ziel nicht erreichten, was würde das für unsere Vision bedeuten? Wie sollten wir genug Vertrauen aufbringen, das Ziel für das folgende Jahr ins Auge zu fassen? Es kam der 31. Dezember. Uns fehlten immer noch Lehrer. Verzweifelt schüttete ich mein Herz vor Gott aus.
Ein paar Tage später stürzte ein Mitarbeiter in mein Büro. Ein Land hatte uns gerade eine neue Anzahl von Mitarbeitern genannt und die neue Auszählung ergab, dass wir tatsächlich unser Ziel erreicht, *ja sogar überschritten hatten.*
Hier hatte Gott seine Visitenkarte hinterlassen. Er wollte, dass wir

erkannten, wer in diesem Projekt die Macht hat. Und er wollte, dass unser Glaube wuchs, damit wir unsere riesige Chance bewältigen konnten.

Wenn Ihnen im Augenblick die Dinge über den Kopf wachsen, ist das genau Ihre Woche, in der Sie Gottes Macht auf eine neue Weise kennen lernen können.

Was überfordert Sie heute? Welches Ziel scheint Ihnen zu hoch gesteckt? Malen Sie ein kleines Bild oder ein Symbol für Ihr Ziel in eine Schachtel. Schreiben Sie auch Ihren Namen in diese Schachtel. Dann zeichnen Sie einen großen Kreis um Ihre Schachtel. Dieser Kreis stellt Gott dar. Er ist größer. Er umgibt Ihre Herausforderung. Schreiben Sie Namen und Symbole für weitere Herausforderungen, vor denen Sie stehen, in die Schachtel. Beten Sie anschließend über Ihren Zeichnungen, bis Sie aus vollem Herzensgrund akzeptieren können, dass Gott größer ist als jede Herausforderung oder jedes Hindernis.

Auf Ihrer Jabez-Reise müssen Sie mit schwachen Momenten rechnen. Sie gehören dazu. Aber denken Sie daran, dass selbst mitten in Ihrer Not Ihre Glaubensmuskeln trainiert werden. Sie bauen ein tieferes Vertrauen auf. Gott ist am Werk. Wenn Sie sich um seine Dinge kümmern, wird er Sie mit seiner Kraft ausrüsten.

Anregung für Ihr Tagebuch

Wann habe ich in meinem Leben Gottes Kraft, die durch mich wirkt, deutlich erkennen können?

Bitten Sie nicht um Aufgaben, die Ihren Kräften entsprechen.
Beten Sie um Kräfte, die Ihren Aufgaben entsprechen.
Philipps Brooks

Der Herr aber sprach: „Ist denn die Hand des Herrn zu kurz? Aber du sollst jetzt sehen, ob sich dir mein Wort erfüllt oder nicht!"

4. Mose 11,23 (L)

16. Tag:

Durch meinen Geist

Es wird dir nicht durch menschliche Macht und Gewalt gelingen, sondern durch meinen Geist! Ich, der Herr der Welt, sage es.
Sacharja 4,6

Ende des 19. Jahrhunderts war Charles Spurgeon bei weitem der bekannteste Prediger Londons, der Hauptstadt der damals mächtigsten Nation der Welt. In Scharen strömten die Menschen aller Schichten in die Metropolitan Kirche, um zu hören, wie er das Wort Gottes auslegte. Meine Lieblingsgeschichte von Spurgeon ist die, in der er selbst von seinem *schlimmsten* Gottesdienst berichtet.

Spurgeon verlangte sehr viel von sich selbst und hatte immer Angst, dass sein Bestes nicht gut genug sei. Eines Tages erfüllten sich seine größten Befürchtungen: Er hielt eine schreckliche Predigt. Von diesem armseligen Werk war er so beschämt, dass er nach Hause eilte und dort auf die Knie fiel.

„O Herr, ich bin so schwach und du bist so stark!" betete er. „Nur du kannst noch etwas aus dieser fürchterlichen Predigt machen. Bitte benutze sie und segne sie."

Sie oder ich hätten ihm vielleicht geraten, die Sache zu vergessen und nach vorn zu schauen. Aber Spurgeon betete die ganze Woche zu Gott und bat ihn, seine misslungene Predigt zu segnen. Gleichzeitig bereitete er sich mit Fleiß auf eine bessere Predigt für den kommenden Sonntag vor. Es wurde eine gute Predigt und am Ende des Gottesdienstes fühlte er sich von seinen vielen Tausend Zuhörern wie getragen.

Doch Spurgeon ließ sich nicht täuschen. Ihm war es wichtig, das Ergebnis dieser beiden Gottesdienste zu erfahren. Nach einigen Monaten lag dann das Ergebnis klar auf der Hand. Die „schreckliche" Predigt hatte dazu geführt, dass 41 Menschen Jesus kennen lernten. Sein Meisterstück dagegen wies in dieser Hinsicht kein besonders nennenswertes Ergebnis auf.

Spurgeon wusste oder vermutete, was die meisten Leute häufig vergessen: Unser Erfolg hängt nie in erster Linie von unseren Fähigkeiten ab, sondern von der Kraft Gottes und unserer Abhängigkeit von ihm. Spurgeon verließ sich in seiner Schwachheit auf den Herrn und Gott segnete sein schwaches Bemühen.

Je mehr Sie sich Gott zur Verfügung stellen, desto mehr wird von Ihnen verlangt werden. Natürlich kann nichts eine verantwortungsbewusste Vorbereitung auf eine vorliegende Aufgabe ersetzen – Gott unterstützt und kompensiert keine Faulheit oder mangelnde Einsatzbereitschaft. Aber es ist sein Geist und nicht der Ihre, auch wenn Sie sich noch so gut vorbereitet haben, der die für die Ewigkeit wichtigen Aufgaben erfüllt. Alles, was Sie dazu zur Verfügung stellen können, sind Sie selbst als ein Gefäß für seinen Geist. Er wird Sie mit seiner Kraft für Ihren Dienst füllen.

Serubbabel (ähnlich wie Jabez ein wenig bekannter Mann der Bibel) wurde vor eine unmögliche Aufgabe gestellt. Er führte die erste Gruppe der Juden aus der Verbannung nach Hause zurück. In der Heimat fanden Sie ihren Tempel in Trümmern und die Stadt von Fremden überlaufen. Das war ein großer Schmerz für Serubbabel. Dieser Schmerz betraf ihn nicht nur politisch, sondern auch ganz persönlich, denn er war ein direkter Nachkomme von König David (1. Chronik 3,1–19) und hätte Thronfolger werden können – aber den Thron gab es nun nicht mehr.

Unter diesen schwierigen Umständen bat Gott Serubbabel, den Tempel wieder aufzubauen. Das war eine schier unmögliche Aufgabe. Die Juden waren demoralisiert und arm. Der Widerstand der Heiden gegen einen neuen Tempel war immens stark. Aber Gott ermutigte Serubbabel durch den Propheten Sacharja mit einer denkwürdigen Nachricht: „*Es wird dir nicht durch menschliche Macht und Gewalt gelingen, sondern durch meinen Geist! Ich, der Herr der Welt, sage es*" (Sacharja 4,6).

In dieser Botschaft versprach Gott gleichzeitig, dass Serubbabel den Tempel beenden würde. Er gab seinem Diener ein Bild, auf welche Weise sich der Erfolg einstellen würde: „Wie ein Berg türmen sich die Widerstände vor dir auf, aber ich werde sie wegschaffen. Du wirst den Schlussstein in den wiederaufgebauten Tempel einsetzen, und alle werden in Jubel ausbrechen" (Sacharja 4,7).

Erkennen Sie den erstaunlichen Ablauf von Serubbabels Auftrag?

- *Gott gab* diesem „Jabez" einen Berg, den er bewegen sollte.
- *Gott sagte* ihm, dass er den Berg allein nicht bewältigen könne.
- *Gott versprach,* den Berg für ihn zu beseitigen.

Wenn Sie heute einen Berg vor sich sehen, *ist das eine gute Chance, dass Sie sich am richtigen Ort befinden* – ein Ort, an dem Gottes übernatürliche Macht zu seiner Ehre freigesetzt werden kann. Sollte Ihnen dabei Ihr peinlicher Versuch, für Gott Zeugnis zu geben, vor Augen stehen, bitten Sie Gott, Ihre vergleichsweise geringen Bemühungen mit seiner unvergleichlichen Macht zu füllen.
Die Größe Ihrer Not wird schließlich Gott Raum schaffen, etwas zu bewegen.

Anregung für Ihr Tagebuch
Unterstreichen Sie in Jesaja 40,10–31 die offensichtliche Macht Gottes. In welchen Bereichen zweifeln Sie daran, noch heute diese Macht auch in Ihrem Leben zu erfahren?

Wenn ihr Vertrauen zu Gott habt und nicht zweifelt, könnt ihr nicht nur tun, was ich mit diesem Feigenbaum getan habe. Ihr könnt dann sogar zu diesem Berg sagen: „Auf, stürze dich ins Meer!", und es wird geschehen. Wenn ihr Vertrauen habt, werdet ihr alles bekommen, worum ihr Gott bittet.
Matthäus 21,21–22

Niemand wird ein wahrer Geistlicher, der sich hinsetzt und sich wünscht, ein Heiliger zu werden. Er muss etwas unternehmen, was so groß ist, dass er es ohne Hilfe nicht schaffen kann.

Phillips Brooks

17. Tag:

Das Fass ohne Boden

Ich bin der Herr, der Gott aller Menschen.
Sollte mir etwas unmöglich sein?
Jeremia 32,27

Ein Restaurant warb mit dem Aushang: „Essen Sie so viel Sie können für $ 4,99." Ein Mann trat ein, bezahlte seine $ 4,99 und putzte heißhungrig einen Teller leer, der bis über den Rand gefüllt war. Anschließend bestellte er einen zweiten Teller. Auch dieser war bald wieder leer. Als er eine dritte Portion verlangte, ignorierte die Serviererin seine Bestellung. Ärgerlich verlangte der Mann nach dem Chef des Hauses und wies auf den Aushang im Fenster.
„Sehen Sie, da steht es doch: Essen Sie so viel Sie können für $ 4,99! Und ich *kann* noch mehr essen!", beteuerte der Mann.
Der Chef baute sich vor dem Gast auf und antwortete: „Ja, richtig. Aber *ich* bestimme hier, *wie viel Sie für $ 4,99 essen können!*"
Haben Sie den Eindruck, dass Gott wie dieser Restaurantbesitzer sein könnte? Er steht zwar zu seinem Wort, aber nur bis zu einem gewissen Punkt?
Bei jedem Schritt auf Ihrem Weg in das Jabez-Abenteuer werden Sie auf Ihr eigenes tief verwurzeltes Misstrauen gegenüber Gott stoßen. Das geht jedem so. Wir müssen uns unseren alten Denkweisen stellen und „umlernen". Wir meinen:

- Gott will mich nur ein wenig segnen.
- Der Plan, den Gott mit mir hat, ist ihm wahrscheinlich nicht so wichtig.
- Gottes Kraft steht nur selten zur Verfügung, wenigstens nicht sehr oft für kleine Leute wie mich.

Sie sehen, wir stecken Gott in eine Schublade. In dieser Schublade mag er zwar Gott sein, aber außerhalb dieser Schublade lassen wir unserer Skepsis, unserer Angst und unseren geringen Erwartungen freien Lauf.

Die Menschwerdung Gottes in dieser Welt durch Jesus Christus war ein direkter Sturmangriff auf dieses tyrannische „Schubladendenken". Hören Sie sich zum Beispiel eine andere „essen Sie so viel Sie können"-Geschichte an: Es ist die Speisung der Fünftausend im Neuen Testament. Dieses Ereignis ist von so großer Bedeutung, dass es neben der Auferstehung das einzige Wunder ist, von dem in allen vier Evangelien berichtet wird. (In Matthäus und Markus wird von einer weiteren Speisung von viertausend Menschen berichtet.)

Der Bericht in Johannes 6 schildert einen logistischen Alptraum, der jeden fachmännischen Organisator von Massenveranstaltungen erschauern ließe. Eine schlecht ausgerüstete Menschenmasse ist Jesus in die Berge gefolgt. Gegen Abend werden die Leute hungrig. Sie sind weit entfernt von ihrem Zuhause und die Nacht bricht herein. Alles deutet auf eine Katastrophe hin. Ich bin mir sicher, die Jünger stellten sich bereits vor, wie die Karriere Jesu ein jähes Ende fände, wenn er sich gegen Morgen mit seinen letzten unterkühlten und halb verhungerten Nachfolgern nach Hause schleppen würde. Doch Jesus begann mit dem Proviant eines einzigen Jungen die Menge zu speisen. Jeder wurde satt und es blieb noch reichlich übrig.

Bleiben Sie noch einmal bei den Gefühlen der Jünger stehen, bevor Gott damals eingriff. Ihre Sorge war berechtigt, ihre Zweifel ganz real. Ihre Situation war wirklich zum Verzweifeln. Das ist der Punkt, an dem wir, bevor Gott eingreift, immer und immer wieder geprüft werden, ob wir uns Gottes segnenden Händen anvertrauen wollen.

Es macht nichts, wenn Sie wenig Geld, wenige Leute, wenig Kraft oder wenig Zeit haben. Die Aufgaben, die Gott Ihnen stellen möchte, werden immer größer sein als Ihre Ressourcen, mit denen Sie beginnen. Mit der segnenden Hand Gottes zu leben bedeutet, dass Sie manchmal aufgefordert werden, trotz aller Widerstände etwas zu tun. Und dann achten Sie einmal darauf, wie sich diese Widerstände verändern.

Bitten Sie Gott, Ihnen heute jede Ihrer alten Denkweisen zu zeigen – zum Beispiel Ihre falsche Vorstellung, wie Erfolg auszusehen hat, oder wie Gott wirkt. Und dann lassen Sie Gott den sein, der er wirklich ist. Er ist ein Gott der Kraft. Diese Kraft steht jedem frei zur Verfügung. Sie ist wirksam und unbegrenzt – und Schubladen gibt es nicht!

Anregung für Ihr Tagebuch

Herr, zeige mir, wo ich deine Kraft durch Ignoranz oder Unglaube eingeschränkt habe. Ich möchte, dass du der Herr meines Lebens bist.

Wenn dir nichts bleibt außer Gott,
wirst du zum ersten Mal feststellen, dass Gott genügt.
Maude Royden

18. Tag:

Zweckgebundene Kraft

Aber ihr werdet vom Geist Gottes erfüllt werden. Der wird euch fähig machen, überall als meine Zeugen aufzutreten: in Jerusalem und in ganz Judäa, in Samarien und bis ans äußerste Ende der Erde.
Apostelgeschichte 1,8

Mein Freund Russel war 16, als er zum ersten Mal ernsthaft über seinen Glauben nachdachte. Er kann sich noch gut daran erinnern, als er zum ersten Mal Gottes Kraft erfuhr. Nach einem christlichen Popkonzert kam eines Nachmittags auf dem Parkplatz eines Einkaufszentrums eine Frau auf ihn zu und fing an, Russel über seinen Glauben zu befragen. Obwohl er zuvor noch nie Stellung zu seinem Glauben hatte nehmen müssen, merkte Russel, wie er der Frau ganz leicht Rede und Antwort stehen konnte.

„Anschließend", so berichtet Russel, „stellten sich meine Freunde erstaunt um mich herum. Sie wollten wissen, wo ich gelernt hätte, wie ein internationaler Botschafter zu reden." Aber Russel war genauso überrascht wie seine Freunde. „Es war, als ob jemand in mich hineingesprungen ist und für mich geredet hat", erinnert er sich.

Wenn ich meine Zuhörer nach ähnlichen Erfahrungen gefragt habe, bekam ich immer wieder zwei Aussagen zu hören: „Ich war zu Tode erschrocken" und „Als es vorüber war, stellte ich fest, dass Gott durch mich zu diesem Menschen gesprochen hat."

Freunde, es ist ganz normal, wenn wir den Geist Gottes durch uns reden lassen. Das gehört zum Leben eines Christen dazu. Sie und ich sind dazu berufen, seine Botschafter zu sein – er benutzt nur sehr selten ein anderes Mittel. Er spricht an unserem Arbeitsplatz nicht laut vom Himmel herab oder schwebt verkündend durch die Gänge unserer Schulgebäude. Und er wird einem orientierungslosen Freund auch keine E-Mail schicken. Gott benutzt den Mund seiner Leute und füllt ihn mit seinem Geist.

Jesus sagte zu seinen Jüngern in Lukas 12,11–12, dass der Heilige Geist ihnen die Worte geben würde, die sie in Zeiten der Not sagen sollen. Später wiederholt er sein Versprechen noch einmal:

Aber bevor dies alles geschieht, wird man euch verfolgen und festnehmen. Weil ihr zu mir gehört, werdet ihr vor die Synagogengerichte geschleppt, ins Gefängnis geworfen und vor Könige und Machthaber gestellt werden. Das bietet euch Gelegenheit, als Zeugen für mich auszusagen. Verzichtet aber bewusst darauf, im Voraus festzulegen, wie ihr eure Sache vertreten wollt! Ich selbst werde euch die Worte eingeben, die keiner eurer Gegner widerlegen kann, und euch eine Weisheit schenken, der niemand widerstehen kann (Lukas 21,12–15).

Wenn Sie wissen wollen, wie sich diese Verheißung in der Praxis auswirkt, lesen Sie am besten die Apostelgeschichte. Hier erleben Sie Petrus, Johannes, Stephanus und Paulus, wie sie furchtlos und in Vollmacht Christus bezeugen. Und Sie werden sehen, wie der Heilige Geist die Ernte einbringt.
In Apostelgeschichte 1,8 definiert Jesus schlicht und einfach Sinn und Zweck des Heiligen Geistes: *„Aber ihr werdet vom Geist Gottes erfüllt werden. Der wird euch fähig machen, überall als meine Zeugen aufzutreten: in Jerusalem und in ganz Judäa, in Samarien und bis ans äußerste Ende der Erde.“*
Stellen Sie sich das Erfülltwerden mit dem Heiligen Geist wie beim elektrischen Strom vor: Sie haben in Ihrer Wohnung für viele Zwecke elektrische Leitungen. Sie nutzen die Steckdosen, wie Sie diese gerade brauchen. Wenn Sie mehrere Dosen nutzen, steht Ihnen mehr Stromkraft zur Verfügung. Ähnlich ist es mit der geistlichen Kraft. Wenn Sie Ihr Gebiet erweitern wollen, wird der Geist Gottes die Kraft verstärken, die durch Sie hindurchfließt. Sie werden *erkennen*, dass Sie mit einem Kraftpotenzial arbeiten, das größer ist als Ihre normale Kraft. Obwohl diese Erfahrung Sie verändern wird, müssen Sie mit der Kraftquelle in Verbindung bleiben, um weiterhin wirksam zu sein.
Das Neue Testament benutzt das Wortbild „füllen“, als ob der Geist flüssig sei und man oft an die Quelle zurück muss. Wenn Paulus auffordert: „Lasst euch lieber vom Geist Gottes erfüllen“ (Epheser 5,18),

meint er wörtlich: *Bleibt weiterhin mit dem Geist erfüllt.* Diese Art des Füllens ist anders als das Wohnen des Geistes Gottes in uns durch unsere Errettung. Gott erfüllt uns mehr und mehr mit seinem Geist für seine besonderen Aufgaben – wenn wir ihn darum bitten.

In der Apostelgeschichte wird von drei verschiedenen Gelegenheiten berichtet, bei denen Petrus mit dem Heiligen Geist erfüllt wurde. Bitten Sie Gott, Sie täglich vollmächtig mit seinem Geist zu füllen. Sie bitten dabei nicht um ein Gefühl oder darum, in einen rosaroten Himmel abzudriften. Sie bitten um Gottes Kraft. Sie bitten nicht um ein besonders auffallendes Verhalten. Der Heilige Geist erledigt vielmehr alles auf ordentliche und friedliche Weise (1. Korinther 14,33). Sie bitten auch nicht darum, dass Sie die Kontrolle über sich verlieren. Der Geist Gottes schaltet Ihren Verstand nicht ab und übergeht auch nicht Ihre Persönlichkeit. Sie bitten Gott einzig, sein Werk *durch* Sie zu tun und in Vollmacht *durch* Sie zu arbeiten.

Ist es schon eine Weile her, dass Sie den Mund für Gott aufgetan haben? Hier ist eine Verheißung, die Sie heute mitnehmen können: „Ich bin der Herr dein Gott [...] mach deinen Mund weit auf, ich werde ihn füllen" (Psalm 81,10).

Anregung für Ihr Tagebuch

Wann habe ich das letzte Mal ernsthaft und ganz besonders darum gebeten, mit dem Heiligen Geist erfüllt zu werden?

Es gibt keine Stelle im Alten oder Neuen Testament,
wo von dem Erfülltwerden mit dem Heiligen Geist
ohne die Verbindung zum Zeugendienst gesprochen wird.
R. A. Torrey

Diese Hoffnung aber gibt uns die Gewissheit, dass Gott uns nicht fallen lässt. Er hat ja unsere Herzen mit seiner Liebe erfüllt, als er uns den Heiligen Geist geschenkt hat.

Römer 5,5

19. Tag:

Der Mutige und der Kühne

Denn der Geist, den Gott uns gegeben hat, macht uns nicht zaghaft, sondern gibt uns Kraft, Liebe und Besonnenheit.
2. Timotheus 1,7

Der berühmte Prediger Henry Ward Beecher griff im 19. Jahrhundert die Machthaber in seiner Heimatstadt Indianapolis wegen Korruption an. Er nannte nicht nur die Sünde beim Namen, sondern auch die Sünder. Die Betreiber von Kneipen und Spielhöllen forderte er auf, sich zu bekehren.

Eines Nachts trat einer dieser gewissenlosen Charaktere Beecher auf einem Gang durch die Stadt in den Weg und hielt ihm eine Pistole vor die Brust. „Nimm zurück, was du gesagt hast, Reverend, oder ich schieße!", drohte er.

„Nehmen Sie die Pistole weg!", befahl ihm Beecher und ging an ihm vorüber. „Ich glaube nicht, dass Sie sich unglücklich machen wollen, genauso wenig, wie ich Sie unglücklich machen will." Der Angreifer ließ die Waffe sinken.

Beechers Mut ist zu bewundern. Auch heute ist es ganz besonders schwierig, gegen populäre Ansichten anzugehen und für moralische Werte einzutreten, da unsere Kultur Wohlstand und Toleranz verherrlicht und die eigene Meinung schützt. Und doch wurde Mut einmal als der Eckstein aller Tugenden bezeichnet. Was bedeutet, dass alle anderen Tugenden auseinander fallen, wenn wir diesen Eckstein verlieren.

In der Kraft des Geistes zu leben ist der beste Weg, den ich kenne, um mutig zu leben. Gestern habe ich Ihnen den Vorschlag gemacht, sich die Apostelgeschichte anzuschauen und so einen guten Eindruck zu gewinnen, wie die Kraft des Heiligen Geistes durch uns wirksam wird, wenn wir mit Gott am Werk sind. In Apostelgeschichte 4 finden Sie das Wort *Mut* gleich dreimal. Das überrascht eigentlich nicht, denn die Christen haben damals das Evangelium an nur wenig einladenden

Stätten ausgebreitet: in Synagogen, Gefängnissen, in Steine werfenden Menschenmengen, in römischen Gerichtshöfen und sogar unter Glaubensgeschwistern mit abweichenden Überzeugungen.
Sie sagen jetzt vielleicht: „Ich bin nicht Paulus und ich bin auch nicht Pastor Beecher. Kann ich für Gott heute noch mutig, ja sogar unerschrocken und furchtlos sein?“
Ja! Sehen Sie sich doch einmal das Mauerblümchen Timotheus an, den blutjungen Pastor, den Paulus als seinen „Sohn im Glauben“ bezeichnete (1. Timotheus 1,12)! Die beiden Männer hätten gar nicht verschiedener sein können. Paulus war furchtlos; Timotheus war schüchtern. Paulus war entschlossen; Timotheus zögerlich. Paulus improvisierte gern; Timotheus brauchte Ordnung und Routine. Notfalls ging Paulus ohne zu zögern auf Konfrontation; Timotheus setzte alles daran, Frieden zu wahren.
Und doch erkannte Paulus in dem behüteten jungen Mann einen Gottesstreiter. In dem folgenden bekannten Bibelabschnitt spürt man die Herzlichkeit und die Vision des Paulus für Timotheus:

Darum ermahne ich dich: Lass die Gabe zur vollen Wirkung kommen, die Gott dir geschenkt hat, als ich dir die Hände auflegte! Denn der Geist, den Gott uns gegeben hat, macht uns nicht zaghaft, sondern gibt uns Kraft, Liebe und Besonnenheit. *Bekenne dich ohne jede Furcht zur Botschaft unseres Herrn! Bekenne dich auch zu mir, der ich für ihn im Gefängnis sitze, und sei bereit, mit mir für die Gute Nachricht zu leiden.* (2. Timotheus 1,6–8).

Hat Timotheus Gottes ihm zugedachte Aufgabe geschmälert, weil er ein zurückhaltender Typ war? Nein, ganz und gar nicht. Er wurde der Leiter der Gemeinde in Ephesus. Das war damals wahrscheinlich die größte Gemeinde in jener Region. In seinem letzten Empfehlungsschreiben aus dem Gefängnis beschreibt Paulus Timotheus als „gleich gesinnt“ (Philipper 2,20) und erwähnt fürsorglich: „Ihr wisst selbst, wie Timotheus sich bewährt hat. Wie ein Sohn seinem Vater hilft, hat er sich mit mir zusammen für die Gute Nachricht eingesetzt“ (Philipper 2,22).

Kennen sie die Angstmomente, wenn Sie sich einer großen Aufgabe gegenüber sehen, die Gott Ihnen vor die Füße gelegt hat? Das ist ganz normal. Sie dürfen sicher sein, dass Gott Sie im richtigen Augenblick mit den entsprechenden Worten ausrüsten wird, und Sie werden diese Worte unerschrocken aussprechen, was Sie nie für möglich gehalten hätten.

Anregung für Ihr Tagebuch
Welche Angst hält mich zurück, für Gott mutig zu sein? Was ist das Schlimmste, das passieren könnte, wenn sich diese Furcht bestätigen würde? Was könnte durch meinen mutigen Einsatz Gutes geschehen?

Gib mir einhundert Männer, die nichts als die Sünde fürchten und Gott über alles lieben und ich werde die Welt auf den Kopf stellen. Ob es sich um Geistliche oder Laien handelt, spielt keine Rolle. Nur so wird Satans Reich zerstört und Gottes Reich auf Erden gebaut.
John Wesley

Als sie geendet hatten, bebte plötzlich die Erde an ihrem Versammlungsort, und alle wurden vom Heiligen Geist erfüllt. Ohne Furcht verkündeten sie allen die Botschaft Gottes.
Apostelgeschichte 4,31

20. Tag:

Kein innerer Stolz

Als die Leute das sahen, befiel sie große Furcht, und sie priesen Gott, dass er den Menschen solche Vollmacht gegeben hat.
Matthäus 9,8

Der Name Gottes wird, so finde ich, in keinem künstlerischen Werk so gewaltig verherrlicht wie in Händels *Messias.* Das „Große Halleluja" berührt mich immer wieder. Der Komponist hat dieses Oratorium ganz bewusst zur Ehre Gottes geschrieben und Gott hat es mittlerweile länger als 250 Jahre zu seiner Ehre genutzt. Kennen Sie übrigens die Geschichte zu diesem musikalischen Werk?

Am 23. März 1743 führte Händel sein Oratorium zum ersten Mal in London vor dem König und einem entsprechenden Publikum auf. Im Verlauf des Oratoriums wurde wahrscheinlich jedem deutlich, dass dies ein zeitloses, heiliges Kunstwerk ist. Als dann das „Große Halleluja" begann, war der König so überwältigt, dass er aufsprang. Unaufgefordert erhoben sich auch alle anderen Zuhörer im Saal. Und mit dem König blieb jeder stehen, bis der letzte Ton in dem Kirchengewölbe verklungen war. Seither erheben sich die Zuhörer jedes Mal, wenn das „Große Halleluja" angestimmt wird.

„König der Könige!", singt der Chor. „Herr aller Herren! Er regiert von Ewigkeit zu Ewigkeit!"

Gott in alle Ewigkeit die Ehre zu geben, ist das große Ziel eines Lebens als Christ. Doch wenn wir feststellen, dass Gott mächtig durch uns wirkt, unterliegen wir leicht der Gefahr, dass wir uns selbst die Ehre geben. Aber Gott will seine Ehre mit niemandem teilen, auch nicht mit Ihnen oder mir, seinen auserwählten Kindern. Er allein will geehrt sein (Jesaja 42,8). Hören Sie sich die erstaunliche Erklärung an, die Gott über sich selbst vor Mose abgibt: „Ihr dürft keinen anderen Gott anbeten. Ich, der Herr, heiße der Anspruchsvolle, und ich beanspruche ungeteilte Liebe" (2. Mose 34,14). Außerdem befassen sich die ersten vier der Zehn Gebote mit dem Schutz von Gottes Namen, seiner Ehre und Herrlichkeit.

Die meisten Christen haben mit diesem Thema, der Selbstverherrlichung, zu kämpfen. Wie schwierig ist es doch, endlich einmal ins Rampenlicht zu gelangen! Und dann soll man das grelle Licht auf jemand anderen werfen? Je mehr Sie und ich Teil einer großen Sache für Gott sind, umso größer wird die Versuchung zu glauben, dass *wir* irgendwie der Grund für diese große Sache und damit schrecklich wichtig sind.

Die Ehre auf uns selbst zu beziehen, ist eine ernst zu nehmende Versuchung. Sie können Mose dazu befragen. Er hatte seine Augen von Gott abgelenkt, während er Gottes Werk vorantrieb – als er Wasser aus einem Felsen schlagen sollte –, und so wurde er ungehorsam. Indem er Gottes klare Anweisungen veränderte, raubte Mose Gott die Ehre, die Gott allein gebührte. Die Blicke des Volkes waren auf Mose gerichtet, anstatt auf Gott und seine überwältigende Kraft. Weil er Gott in diesem Fall die Ehre genommen hatte, durfte Mose das Gelobte Land nicht betreten (4. Mose 20,12). Die Ehre gehört Gott und Gott allein. Seinen Namen jederzeit zu verherrlichen, ist Aufgabe des Heiligen Geistes.

Wir alle benötigen immer wieder ermutigende Worte, doch gibt es eine Grenze, an der sich das empfangene Lob vom geistlichen Zuspruch in stolze Selbstverherrlichung verkehrt. Denken Sie einmal über die letzten Tage nach und bitten Sie Gott, dass er Ihnen aufzeigt, wo Sie in irgendeiner Weise selbstherrlich waren. Ich möchte Ihnen Mut machen, sich diese Situationen in Ihrem Tagebuch zu notieren. „Ich aber will nichts anderes vorweisen als das Kreuz unseres Herrn Jesus Christus", schreibt Paulus. „Weil er am Kreuz gestorben ist, ist die Welt für mich tot und bin ich tot für die Welt" (Galater 6,14).

Darf ich Ihnen noch von einem anderen großen Komponisten erzählen? Es ist Haydn. Er komponierte *Die Schöpfung,* ein Meisterwerk nach dem Wort Gottes. Ein Jahr vor seinem Tod ging es ihm gerade wieder einmal gut genug, dass er sich die Aufführung anhören konnte. Als nun Haydn vor der Aufführung im Rollstuhl in das Auditorium gefahren wurde, brach ein Sturm der Begeisterung los. Applaus und Jubelrufe stürmten auf den großen Musiker ein. Daraufhin nahm Haydn seine wenigen Kräfte zusammen, stellte sich auf die Füße,

erhob seine Hände und rief: „Nein! Nein! Nicht von mir, sondern von *dort oben*, vom Himmel, kommt alles her!“
Seine alte, zittrige Stimme muss in den Ohren Gottes wie Musik geklungen haben.

Anregung für Ihr Tagebuch
Wer inspiriert mich am meisten dadurch, wie er (oder sie) Gott die Ehre gibt?

So lange wir Ehre von einem anderen nehmen, so lange wir suchen und lieben und in diesem Leben eifersüchtig Anerkennung suchen, Ehre und Empfehlungen, die von Menschen kommen, suchen und empfangen wir nicht die Ehre, die von Gott kommt. Stolz macht Vertrauen unmöglich.
Andrew Murray

21. Tag:

Hier und jetzt

Gebt acht, jetzt ist die Zeit der Gnade! Heute ist der Tag der Rettung.
2. Korinther 6,2

Das Paar in den geblümten T-Shirts, das mit mir im Aufzug fuhr, blickte gelangweilt ins Leere. Ich war gerade an diesem Ort angekommen und sollte ein Seminar über geistliche Erneuerung halten. Wie sich herausstellte, wollten die beiden mein Seminar besuchen.

„Was möchten Sie in Ihrem Leben erneuern?", fragte ich das Paar mittleren Alters.

Der Mann antwortete: „Unsere Ehe ist seit einiger Zeit in einem miesen Zustand. Eigentlich ist das ja nichts Besonderes. Aber vielleicht lässt sich trotzdem irgendwann noch etwas verbessern."

„Wollen Sie denn Ihre Ehe überhaupt retten?", fragte ich.

„Natürlich!", sagten beide wie aus einem Munde.

„Will Gott, dass Sie Ihre Ehe retten?", fragte ich.

„Ja", sagten sie.

„Dann gibt es kein „Irgendwann"! Gott will, dass Sie Ihre Ehe *in diesem Moment* erneuern."

„Meinen Sie etwa hier im Aufzug?", lachte der Mann nervös.

Ich wollte gerade Ja sagen, aber da hielt der Aufzug in ihrem Stockwerk an und wir gingen gemeinsam in einen kleinen Aufenthaltsraum. Wir schauten von dort aus über die Stadt und während wir so am Fenster standen, sprachen wir über die Vorfälle und Ereignisse, die ihre Beziehung so tief verletzt hatten.

„Glauben Sie, dass Gottes Kraft Ihnen in diesem Augenblick, an diesem Fenster voll zur Verfügung steht?", fragte ich.

Sie nickten und wir beteten gemeinsam.

Als wir uns trennten, gab ich ihnen ein paar Startpunkte zur Erneuerung ihrer Beziehung mit auf den Weg. Ich sagte: „Wissen Sie, Sie können Gott vertrauen, dass er sofort mit dem Aufbau Ihrer Ehe beginnt."

Daraufhin sahen beide ganz erschrocken aus. Ich bat sie deshalb, mich auf dem Laufenden zu halten, wie es ihnen in den nächsten beiden Tagen ergehen würde.

Gott hat diese Ehe gerettet. Das darf ich Ihnen mit Freuden berichten. Der Grund dafür beruht auf einem starken geistlichen Prinzip: *Gottes Kraft gilt hier und jetzt.* Wir können nachdenken und abwägen und Dinge monatelang mit uns herumschleppen. Gott ist stets bereit, sofort zu beginnen, wenn es sich um Anliegen nach seinem Willen handelt.

Denken Sie einmal über folgende Aussagen nach:

- Wenn Gott Sie bittet, eine Sache, die Ihr Leben belastet oder ihn nicht ehrt, zu beenden, steht Ihnen sofort seine Kraft dazu zur Verfügung. Er will, dass Sie *jetzt einen Schlussstrich ziehen.*
- Wenn sie Ihre Finanzen in Ordnung bringen oder Ihren Verwaltungskram in die Reihe bringen müssen, stehen Ihnen seine Weisheit und Kraft im Handumdrehen zur Verfügung. Und es ist sein Wille, dass Sie *jetzt* damit beginnen.
- Wenn einer Ihrer Freunde die Gute Botschaft braucht, ist der Heilige Geist bereit, Ihnen *jetzt* zu helfen, den ersten Schritt zu wagen und den ersten Satz auszusprechen. Und es ist sein Wille, dass Sie es *jetzt* tun.

In Apostelgeschichte 8 lesen wir, dass Philippus einem Reisenden aus Äthiopien das Wort Gottes erklärte. Der Mann war so begeistert, dass er sagte: „Da gibt es Wasser! Spricht etwas dagegen, dass ich mich taufen lasse?“ (Vers 36). Die Antwort? Kein Einwand. Warum warten? Philippus taufte ihn. Und dann? „Als sie aus dem Wasser herausstiegen, wurde Philippus vom Geist des Herrn weggenommen, und der Äthiopier sah ihn nicht mehr. Von Freude erfüllt, setzte er seine Reise fort“ (Vers 39). Und Philippus erhielt einen neuen wichtigen Auftrag. Das Wort „wegnehmen“ bringt Gottes Eile und Eifer für Sie und mich zum Ausdruck, dass wir *hier und jetzt* die Gute Botschaft in die ganze Welt hinaustragen:

- Was hindert Sie, Gottes Botschafter in Ihrem eigenen Heim zu sein?
- Was hindert Sie, für Gott bei Ihrer Arbeit fruchtbar zu sein?
- Eine Welt in Not umgibt Sie. Was hindert Sie, Gottes Kraft auszuüben und die Bevölkerung im Himmel zu vergrößern?

Es gilt, keine Zeit zu verlieren. So etwas gibt es nur einmal. Sie können ihm gerade hier in diesem Moment dienen. Anschließend wird der Geist Gottes Ihnen eine neue wichtige Aufgabe zuweisen.
Wollen Sie dieses Abenteuer leben? Können Sie sich eine wichtigere Aufgabe vorstellen, der Sie sich ganz hingeben? Gottes Kraft und Gegenwart stehen Ihnen zur Verfügung – *gerade jetzt.*

Anregung für Ihr Tagebuch
Um was bittet Gott mich heute?

Ich will mein Leben mit allen Mitteln leben, so lange ich lebe.
Ich will keinen Augenblick meiner Zeit verlieren und will meinen
Umgang mit der Zeit so wirtschaftlich nutzen, wie ich nur kann.
Ich will nichts tun, das ich nicht tun will, wenn ich weiß,
dass es die letzte Stunde meines Lebens ist.
Jonathan Edwards

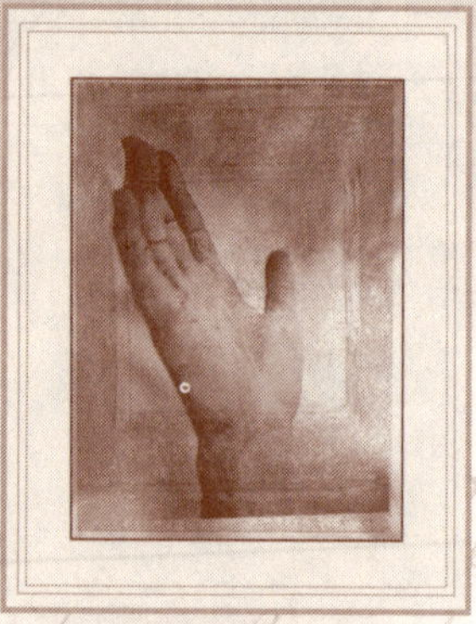

mich und erweit… …et!

Steh mir bei und erweitere

mein Gebiet

Steh mir bei und halte

mich und erweitere mein Gebiet!

Steh mir bei und halte Ung

Vierte Woche

Herr, halte Unglück und Schmerz von mir fern!

Herr, ich kann sie nicht mehr zählen, so viele sind's,
die sich gegen mich stellen,
so viele, die schadenfroh von mir sagen:
„Dem hilft auch Gott nicht mehr!"
Psalm 3,2-3

22. Tag:

Setzen Sie sich nicht der Versuchung aus!

„Und führe uns nicht in Versuchung, sondern erlöse uns von dem Bösen."
Matthäus 6,13 (L)

Wenn Sie für Gott ein Gebiet erobern, nehmen Sie es einem anderen weg. Sie kämpfen gegen Sünde und zwar in Ihrem Leben, in der Welt und im geistlichen Bereich. Falls Sie noch niemals richtig in Opposition geraten sind, wird Ihnen das jetzt passieren.

Darum ist die Bitte des Jabez, ihn vor Unglück und Schmerz zu bewahren, dringend notwendig und sogar revolutionär.

Haben Sie bemerkt, dass dieser Teil aus dem Jabez-Gebet eine Parallele zu dem Gebet hat, das Jesus seine Jünger lehrte? Als die Jünger baten: „Herr, sag uns doch, wie wir beten sollen" (Lukas 11,1), gab Jesus seinen Jüngern ein Gebetsmodell. Eine seiner drei Bitten in diesem Gebet hat mit Versuchung zu tun (bei den beiden anderen ging es um Versorgung und Vergebung). Jesus sagte: „Wenn ihr betet, so sprecht: Und führe uns nicht in Versuchung, sondern erlöse uns von dem Bösen" (Verse 2 und 4 L).

Wir lernen daraus, dass die wichtigste Strategie, der Versuchung zu widerstehen, darin besteht, sie von vornherein zu meiden. In der kommenden Woche werden wir uns einige wichtige Möglichkeiten ansehen, wie wir von Sünde frei werden können. Heute erinnert uns Jabez allerdings daran, dass die erste Taktik die beste Taktik ist: *Bleib aus der Gefahrenzone. Halte Abstand!*

Schockt Sie die simple Wahrheit dieses Ratschlags? Ja, das verstehe ich. Sie geht uns gegen unser stolzes, risikofreudiges Naturell. Wir spielen gern mit Gefahr, wir lieben die Herausforderung und stürzen uns in sie hinein, weil wir glauben, dass wir kraftvoller sind als unsere Gegner.

Bei einer Versuchung bringen uns unsere Instinkte in Schwierigkeiten.

Warum? Erstens: Die Versuchung konfrontiert uns mit unserer eigenen sündigen Natur und stellt uns damit den Mächten des Bösen gegenüber. Diese Kombination kann zur Sünde verführen. Doch Gott will nicht, dass wir sündigen, denn die Sünde schwächt uns und verringert unsere Fähigkeit, Gottes Zuwendung und Macht zu empfangen.

Zweitens: Wenn es keine Versuchung gäbe, würden wir nicht sündigen. Darum hat Satan seine betrügerische Begegnung im Garten Eden initiiert. Er hat „eine Gelegenheit zur Sünde" geschaffen, wie die Bibel es nennt. Wir sollten uns, wenn immer möglich, von solchen Gelegenheiten distanzieren. Jemand hat das einmal folgendermaßen ausgedrückt: „Wer keine verbotene Frucht essen will, muss sich vom verbotenen Baum fern halten." Das heißt, wenn Ihre erste Verteidigungsstrategie heißt: „Bewahre mich vor dem Bösen" anstatt „Bewahre mich, dass ich nicht sündige", sind Sie dem Sieg schon einen großen Schritt näher gekommen.

Vielleicht meinen Sie, das sei Haarspalterei. Dann reden Sie einmal mit einem trockenen Alkoholiker. Sie werden erfahren, dass von der Trunksucht befreite Alkoholiker mit dem Entschluss, *nicht mehr zu trinken*, jeder Bar fernbleiben. Sie betreten kein Geschäft mehr, in dem es Alkohol zu kaufen gibt, und meiden Freunde, die Alkohol trinken. Sie haben keinen Alkohol im Haus und sie gestatten sich auch in „frohen Stunden" keinen Tropfen. Sie haben bereits *im Voraus* auf derartige Vergnügen verzichtet, damit sie andere, wertvollere Freuden gewinnen.

Ein Bekannter vertraute mir einmal an, dass er für Pornographie anfällig sei. Vor einiger Zeit hatte es ihn auf seinem Heimweg von der Arbeit in einen Videoladen für Erwachsene gelockt. Nun war es ihm zur Gewohnheit geworden.

„Gibt es noch einen anderen Nachhauseweg für dich?", fragte ich ihn. Als ich ihm dabei forschend ins Gesicht schaute, stellte ich fest, dass er an diese Möglichkeit nie gedacht hatte.

Er überlegte einen Augenblick und sagte dann: „Aber wenn ich zu Hause bin, schaue ich mir, sobald meine Frau zu Bett gegangen ist, in einem bestimmten Fernsehkanal Pornofilme an."

„Willst du wirklich davon frei kommen?", fragte ich ihn.

Er sagte: „Ja“.
„Dann melde den Kanal ab.“
„Oh, ich weiß nicht, ob ich *das* kann!“, rief er.
„Schön“, antwortete ich. „Wenn du so weit bist, weißt du genau, was du tun musst, um nicht wieder in diese Sünde zu fallen.“
Einige Wochen danach rief er mich an und sagte, dass er einen anderen Heimweg eingeschlagen habe, sein bestimmter Fernsehkanal abgemeldet war und er inzwischen glücklich und zufrieden neben seiner Frau schläft.
Ist das nicht ein erfrischender Gedanke, dass Sie und ich Gott um Hilfe bitten können, uns vor dem Bösen zu bewahren? Wie ein Vater, der die Stromschnellen kennt, warnt er sein Kind: „Mein Schatz, tritt nicht auf den Felsvorsprung!“ Gott gibt auf Sie Acht. Wenn Sie ihn bitten, wird er Ihnen sagen, wohin Sie *nicht* gehen sollen.
Sie möchten wissen, was Sie dazu beitragen können? Bitten Sie ihn heute um Schutz vor dem Bösen. Danken Sie ihm für seine Fürsorge und gehorchen Sie ihm.

Anregung für Ihr Tagebuch
Wann habe ich gespürt, dass der Geist Gottes mich vor einer Versuchung gewarnt hat? Und was ist passiert?

Bleibt wach und betet, damit ihr in der kommenden Prüfung nicht versagt. Den guten Willen habt ihr, aber ihr seid nur schwache Menschen.
Matthäus 26,41

Besser auf den Speck verzichten, als in der Falle zu zappeln.
John Dryden

23. Tag:

Den Ausweg finden

Keine Versuchung hat euch ergriffen, als nur eine menschliche; Gott aber ist treu, der nicht zulassen wird, daß ihr über euer Vermögen versucht werdet, sondern wird mit der Versuchung auch den Ausweg schaffen, so daß ihr sie ertragen könnt.
1. Korinther 10,13 (Elberfelder 1958)

Stellen Sie sich für einen Augenblick vor, Sie stehen vor Ihrem Haus. Sie sehen, wie ein Fremder die Straße entlanggeht. Er ist dunkel gekleidet und während er immer näher kommt, beobachten Sie, wie er jede Briefkastenaufschrift und jedes Hausnummernschild suchend prüft. Sie sind beunruhigt. Der Mann kommt Ihnen verdächtig vor. Schnell verstecken Sie sich hinter einigen Büschen. Als der Fremde Ihre Adresse gelesen hat, schreitet er schnurstracks auf Ihre Haustür zu und klingelt.

Sie sehen, wie die Tür sich öffnet und überrascht stellen sie fest: Es ist Jesus, der dem Fremden Ihre Haustür geöffnet hat!

Der Mann zögert. „Entschuldigen Sie bitte, aber wohnt hier nicht ...?" Und er spricht Ihren Namen aus.

„Ja, das stimmt. Aber mein Freund hat mich gebeten, die Tür zu bewachen." Der Fremde wird nervös, er knirscht mit den Zähnen und scheint zu überlegen, wie er sich mit Gewalt Eintritt verschaffen kann. Dabei fällt sein Blick auf die Hand am Türgriff. Er sieht die Nägelmale. Er blinzelt zu Jesu Kopf empor und erkennt die Einstiche von der Dornenkrone.

Der Fremde stolpert (fluchend) davon ...

Ich habe gerade eine Verteidigungsstrategie beschrieben, die Martin Luther, der große Reformator des 16. Jahrhunderts anwandte, wenn er Versuchungen jeder Art gegenüberstand. Luther fühlte sich in der Frontlinie einer geistlichen Erweckung, die damals die Welt erschütterte, ständig angegriffen. Seine Geschichte von Jesus, der die Tür seines Hauses öffnete, als der Versucher anklopfte, hatte einen besonderen Zweck. Auf diese Weise machte sich Luther die Wahrheit von

Christi Macht deutlich, nämlich dass er uns hilft, dem Versucher zu entkommen: „Was er selbst erlitten hat und was ihm selbst abverlangt worden ist, befähigt ihn nun, den Menschen zu Hilfe zu kommen, die so wie er auf die Probe gestellt werden“ (Hebräer 2,18).

Haben Sie in dem Bibelvers für den heutigen Tag das wunderschöne „Schlüsselwort“ entdeckt? In seiner Treue verspricht uns Gott, keine Versuchung zuzulassen, die unsere Widerstandsfähigkeit übersteigt. Denn „mit der Versuchung wird *der* Ausweg“ vorgegeben (1. Korinther 10,13). Bitte beachten Sie, dass es in der Bibel nicht heißt: „*ein* Ausweg.“

Wollen Sie wissen, wie ich diese Wahrheit praktisch in meinem Alltag anwende? Wenn ich richtig angefochten bin, sage ich laut: „Diese Versuchung (und dann nenne ich ihren Namen) ist für mich *nicht* zu groß, weil mein Vater sie auf das Maß begrenzt hat, das ich gerade in diesem Augenblick ertragen kann!“

Und dann füge ich hinzu: „Es stimmt, dass es aus dieser Versuchung bereits einen Ausweg gibt. Und Gott wird nicht zulassen, dass ich überfordert werde.“

Ich kann Ihnen versichern, dass Versuchungen lichtscheu sind und nicht mit einer solchen Wahrheit eingefangen werden wollen. Wenn Sie eine Versuchung ans Licht bringen, indem Sie ihren Namen nennen und sich auf Gottes Verheißungen berufen, läuft sie winselnd zurück in die Finsternis. Daran erkennen Sie, was sie in Wirklichkeit sind: schwache, krankhafte Reize, die nur blockieren und zerstören.

Verstehen Sie jetzt, warum Gott Ihnen in der Versuchung beistehen will? Warum er Ihnen nicht nur beistehen, sondern Sie schützen will, dass Sie nicht über das, was Sie ertragen können, hinaus versucht werden? Warum er Sie nicht nur beschützen, sondern Ihnen *Ihren Ausweg öffnen* will?

Das ist seine Treue! Sie müssen sich nicht mehr fürchten. Aber Sie haben auch keine Ausreden mehr. Jesus Christus hat die Versuchung für Sie schon im Blick. Und er hat Ihnen bereits einen Fluchtweg geöffnet.

Anregung für Ihr Tagebuch

In welchen schwierigen Lebensumständen konnte ich erfolgreich Versuchungen widerstehen? Welche Grundsätze kann ich aus dieser Erfahrung ableiten und auf Gebiete übertragen, auf denen ich noch zu kämpfen habe?

Der Herr weiß, wie er die, die ihn ehren, aus der Bedrängnis rettet.

2. Petrus 2,9

24. Tag:

Niederlagen aufdecken

Es sind die eigenen Wünsche, die den Menschen ködern und fangen.
Jakobus 1,14

Stellen Sie sich vor, Sie könnten heute im Hauptquartier des feindlichen Lagers mit anhören, mit welchen Mitteln geplant wird, Ihre Verteidigungsstrategie zu zerstören. Würden Sie Ihren Tag dann ganz anders einrichten? Ihre Truppenbewegungen neu ordnen, um den feindlichen Angriffen zu begegnen? Mit größerem Vertrauen auf einen Sieg setzen?

Ich möchte Ihnen helfen, dass Sie das können. Satan weiß, dass Sie nie in der Lage sein werden, Ihre Kreise der Abhängigkeit zu durchbrechen, bis Sie Ihre Augen für Ihre Verhaltensmuster öffnen und der bestehenden Verlockung zur Sünde fest ins Auge blicken. Indem Sie sich Ihre Niederlagen genau anschauen, werden Sie die bevorzugten Strategien des Feindes erkennen, mit denen er Sie immer wieder in die Falle lockt.

Zunächst bitte ich die Teilnehmer meines Seminars zum Thema „Persönliche Heiligung", eine oder zwei immer wiederkehrende Sünden aufzuschreiben, die ihnen am meisten zu schaffen machen. Dabei stellen sie fest, dass – obwohl man auf vielen Gebieten sündigen kann – der Hauptkampf gegen die Versuchung meist zwei oder drei Verhaltensweisen gilt, die sich regelmäßig und oft jahrelang wiederholen. Ein Weg der Versuchung zu entfliehen ist, diese Verhaltensmuster aufzudecken und ihnen mit einem Siegesplan zu begegnen.

Die folgenden Fragen sollen Ihnen helfen, Ihrer Sünde ein persönliches Gesicht zu geben.

- *An welchem Tag in der Woche sündige ich am meisten?*
- *Zu welcher Tageszeit sündige ich am meisten?*
- *Wo befinde ich mich, wenn ich am meisten sündige?*
- *Wer ist bei mir, wenn ich am meisten sündige?*
- *Welche Sünde oder Sünden begehe ich unter den genannten Bedingungen besonders häufig?*

Nehmen Sie sich einen Augenblick Zeit für Ihre Antworten. Übrigens habe ich festgestellt, dass 80 Prozent das gleiche Profil aufstellen: „Ich sündige am meisten Freitag oder Samstag, am Abend, zu Hause, wenn ich allein bin."

Nun bitte ich Sie, etwas tiefer nachzudenken:

- *Was sind die spezifischen, negativen Gefühle, die mich befallen, bevor ich sündige?*

Fassen Sie Ihre Antwort in dem folgenden Satz zusammen: „Die negativen Gefühle, die ich unmittelbar, bevor ich der Versuchung nachgebe, empfinde, sind

____

____

Die meisten Menschen stellen erschreckt fest, dass die Gefühle, die sie aufschreiben, sich immer wiederholen – die gleichen Gefühle führen in einem regelmäßigen Zyklus zu den gleichen Fehlern. Die Seminarteilnehmer schreiben am häufigsten folgende Empfindungen auf: „Ich fühle mich erschüttert, einsam, zurückgesetzt, gelangweilt, verlassen, wertlos, genervt, ärgerlich oder ängstlich" – also alles andere als friedlich und glücklich.

Und hier ist die letzte Frage:

- *Was verspricht mir in der Versuchung mein schuldhaftes Verhalten?*

Die meisten antworten: „In der Versuchung höre ich das Versprechen: ‚Wenn du das oder das tust, verschwinden die negativen Gefühle, die du im Augenblick empfindest, oder sie werden durch ein starkes, positives Gefühl ersetzt.'"

Ob wir nun nach Glück suchen oder dem Schmerz entfliehen wollen, die Versuchung wird durch das Versprechen genährt: „Ich kann dir ein besseres Gefühl geben, als du es jetzt gerade hast." Natürlich hat Gott es so eingerichtet, dass wir den Schmerz nicht mögen und lieber

glücklich sein wollen. Darin besteht die Sünde nicht. Der Schaden entsteht erst, wenn wir das Richtige an der falschen Stelle suchen.
Darum bitten Sie Gott, dass er Ihnen erklärt, was Sie jetzt tun können, damit Sie die immer wiederkehrenden negativen Gefühle, die Sie in Versuchung führen, *vermeiden oder kompensieren können, um letztlich Gelegenheiten vorzubeugen.* Sobald Sie erkennen, wie der Feind Sie heute wieder mit demselben alten Trick in die Falle lockt, haben Sie eine positive Alternative zur Hand.
Wollen Sie der Versuchung entkommen? Ich hoffe es sehr!

Lasst also euren vergänglichen Körper nicht von der Sünde beherrscht werden! Gehorcht nicht euren Leidenschaften! Liefert keinen Teil eures Körpers der Sünde aus, damit sie ihn nicht als Waffe gegen das Gute benutzen kann. Stellt euch vielmehr Gott zur Verfügung als Menschen, die aus dem Tod ins neue Leben gelangt sind. Gott soll euch mit all euren Fähigkeiten als Waffe im Kampf für das Gute benutzen können. Die Sünde hat künftig keine Macht mehr über euch. Denn ihr lebt nicht unter dem Gesetz, sondern unter der Gnade Gottes. (Römer 6,12–14)

Anregung für Ihr Tagebuch
Welcher Spaß führt mich letztlich in die Sünde? Welcher Frust? Haben beide miteinander zu tun?

Wenn du weiterhin das tust, was du immer getan hast, wirst du immer das bekommen, was du immer schon bekommen hast.
John Maxwell

Versuchung stellt sich selten während der Arbeit ein.
In der Freizeit zeigt sich, ob der Mensch verkümmert oder aufblüht.
W. N. Taylor

25. Tag:

Der drei-Minuten-Versuchungs-Killer

Der Herr aber, von dem dieses Wort spricht, wirkt durch seinen Geist. Und wo der Geist des Herrn ist, da ist Freiheit.
2. Korinther 3,17

Gestern haben wir uns Verhaltensmuster angeschaut – jene immer wiederkehrenden Reaktionen auf die Versuchung zur Sünde, die größtenteils für unser „Sündenproblem" verantwortlich sind. Heute möchte ich Ihnen zu einem Durchbruch verhelfen. Ich beginne mit dem, was wir gelernt haben und füge eine weitere Frage hinzu: „Ob ich nun sündige, um glücklich zu sein oder um meinen Schmerz zu überdecken, wäre ich vielleicht weniger anfällig für die Sünde, wenn ich nicht länger deprimiert, sondern getröstet wäre?"

Vor Jahren wollte ich von einer besonderen Sünde unbedingt loskommen. Aber ich unterlag immer wieder der Versuchung. „Sollte es in diesem Fall keinen Sieg für mich geben?", fragte ich mich frustriert. Ich erinnere mich noch genau, wo ich gerade saß, als der Herr mir das Verständnis für eine deutliche, aber wenig verstandene Antwort gab, die mir und vielen Tausend anderen Menschen geholfen hat.

Und das kam so: Nachdem ich festgestellt hatte, dass ich unmittelbar vor jeder Versuchung deprimiert gewesen war und dass ich letztlich nach Verständnis und Trost suchte, bat ich Gott, mich einen neuen Weg finden zu lassen, um dies zu erreichen. In diesem Augenblick erinnerte ich mich daran, dass Jesus uns Trost versprochen hat.

Ich werde den Vater bitten, dass er euch einen Stellvertreter für mich gibt, den Geist der Wahrheit, der für immer bei euch bleibt. Die Welt kann ihn nicht bekommen, denn sie sieht ihn nicht und kennt ihn nicht. Aber ihr kennt ihn, und er wird bei euch bleiben und in euch leben.
(Johannes 14,16–17)

Unglaublich! Jesus hat uns den Heiligen Geist gegeben, damit er unsere innere persönliche Quelle des Trostes ist. Ich hatte bis dahin diese übernatürliche Versorgung nie mit meinem Kampf gegen die Sünde in Verbindung gebracht. Was würde geschehen, wenn ich diesen himmlischen Trost im Augenblick der Versuchung von Gott erbat? Würde der Geist der Wahrheit mich so aufbauen können, dass ich den Drang zur Sünde weniger verspürte?
Ich beschloss, es zu versuchen. „Lieber Herr", betete ich. „Du hast mir den Heiligen Geist als meinen persönlichen Tröster gesandt. Ich brauche ganz dringend Trost. Ich will nicht sündigen. Bitte tröste mich. In Jesu Namen. Amen."
Und dann beobachtete ich, was passieren würde. Zuerst passierte gar nichts. Aber irgendwann stellte ich fest, dass ich mich getröstet fühlte. Ich wusste nicht genau, wann es geschehen war, aber es war etwas passiert. Mir wurde warm ums Herz und der Schmerz war weg.
Als ich an die Versuchung dachte, war sie im Dunkeln verschwunden, weit weg von meinen Gelüsten. Ich war frei. Es fiel mir nicht schwer, nicht zu sündigen. Ich fand es sogar leicht, weil der Sog dieser Sünde verschwunden und mein tiefstes Verlangen gestillt war.
Seitdem habe ich schon sehr, sehr oft um Trost durch den Heiligen Geist gebetet. Dabei habe ich zwei Wahrheiten entdeckt. Erstens: Der Heilige Geist kommt seiner Aufgabe in meinem Herzen immer – und ich meine es, wie ich es sage: immer – nach. Zweitens: Und das wird Sie vielleicht überraschen – er schenkt mir seinen Trost immer innerhalb von drei Minuten.
Seither nenne ich dieses Gebet um Trost den „Drei-Minuten-Killer".
Wenn Sie heute von einer Sünde versucht werden, denken Sie daran, dass Sie Ihr unterschwelliges Bedürfnis nach Erfüllung und Trost bei Gott ablegen dürfen. Bitten Sie ihn um seinen Geist der Wahrheit, der Sie trösten wird. Und dann legen Sie Ihre Uhr ab und warten. Zählen Sie die Minuten, in denen Gottes Wunder greift. Ich kann Ihnen garantieren, dass der Geist Gottes Sie in weniger als drei Minuten trösten wird. Und anschließend haben Sie keine Lust mehr zu sündigen, weil die Versuchung verschwunden ist.

Anregung für Ihr Tagebuch

Habe ich schon einmal um den Trost gebeten, den der Heilige Geist schenkt? Wann habe ich diesen Trost zuletzt erfahren?

Ich will damit sagen: Lebt aus der Kraft, die der Geist Gottes gibt; dann müsst ihr nicht euren selbstsüchtigen Wünschen folgen. Der Geist Gottes dagegen lässt als Frucht eine Fülle von Gutem wachsen, nämlich Liebe, Freude, Frieden, Geduld, Freundlichkeit, Güte, Treue, Nachsicht und Selbstbeherrschung.

Galater 5,16.22–23

26. Tag:

Gegenkräfte

Seid wachsam und nüchtern! Euer Feind, der Teufel, schleicht um die Herde wie ein hungriger Löwe. Er wartet nur darauf, dass er einen von euch verschlingen kann. Leistet ihm Widerstand und haltet unbeirrt am Glauben fest.

1. Petrus 5,8–9

Zur Zeit der Bibel schlichen noch viele Löwen durch das Dickicht am Jordan, durch verlassene Wüstenlandschaften und in den Gebirgen herum. Von daher war die Beschreibung des Teufels als ein hungriger Löwe, der nach Beute sucht, ein anschauliches Bild für die ersten Christen. Einige Kommentatoren der Bibel meinen, dass die Schriftstelle in 1. Petrus 5 von doppelter Bedeutung sei: Petrus hätte hier auch den Machthaber Nero, der die Christen verfolgte und sie in Gruben mit ausgehungerten wilden Tieren werfen ließ, im Sinn gehabt.
Haben Sie Ihren geistlichen Todfeind schon einmal brüllen „gehört"? Oder hat er vielleicht sogar seinen Rachen nach Ihnen aufgerissen?
Unser Gegner ist kein Fabelwesen. Es gibt ihn wirklich. Er ist ein geistliches Wesen, das Verfolgung und Leid verursacht. Sein Ziel ist, unseren Glauben zu zerstören. Und doch müssen wir nicht in Angst und Schrecken vor ihm leben. Interessanterweise sollen wir uns aber gegen geistliche Attacken anders wehren als gegen Versuchungen. Wie wir gesehen haben, sollen wir vor Versuchungen fliehen (2. Timotheus 2,22). In Jakobus 4,7 werden wir jedoch aufgefordert: „Leistet dem Satan Widerstand, und er wird vor euch fliehen."
Wer ernsthaft etwas für Gott tun möchte, lenkt damit die Aufmerksamkeit des Teufels auf sich. An einigen Alarmzeichen können Sie sein Interesse an Ihrer Person erkennen:

- Alles, was Sie in Verbindung mit Gottes Werk tun, fällt Ihnen plötzlich viel schwerer als gedacht, obwohl es gar keinen erklärbaren Grund dafür gibt.
- Ihre Gefühle sind aufgewühlt: Sie fühlen sich überfordert, wertlos,

verwirrt und niedergeschlagen. Sie sind voller Zweifel. Am liebsten würden Sie aufgeben. Sie haben das Gefühl, die falsche Person für diese Arbeit zu sein. Sie stellen fest, dass Sie sich sogar manchmal sagen: „Am liebsten würde ich sterben."

Liebe Freunde, das ist die Standard-Arbeitsweise des Teufels! Alle Gläubigen, die Gott in besonderer Weise dienen wollen, erleben Gegenwehr dieser Art, vor allem dann, wenn wir zu erkennen geben, dass wir uns noch mehr für Gott einsetzen wollen. Die Strategie des Teufels hat nur das eine Ziel: dass wir aufgeben.

Jeder geistliche Fortschritt, von dem wir in der Bibel lesen, ist auf die gleiche Weise durch den Feind blockiert worden. Ein besonders gutes Beispiel dafür finden wir im Buch Nehemia. Nehemia hat die Herausforderung angenommen: Er ist bereit, den Heimkehrern aus dem Exil beim Mauerbau um Jerusalem zu helfen. Ohne eine Stadtmauer ist Jerusalem schutzlos den Plünderern ausgeliefert. Und das Volk Gottes wäre dem Gespött der Leute preisgegeben (Nehemia 2,17).

In den ersten sechs Kapiteln des Buches wird geschildert, wie Nehemia mit seinem Auftrag für Gott und sein Land dem Gelächter der Leute (2,19), ihrem Widerstand (3,5), vielen Entmutigungen in den eigenen Reihen (4,10), Furcht vor Übergriffen (4,11), falschen Anschuldigungen (6,5–9) und Korruption (6,17–19) ausgesetzt ist.

Aber Nehemia widersteht. Er hält dagegen mit ständigem Gebet und einem unerschütterlichen Vertrauen in Gottes Auftrag und seine Treue. Er gibt ein gutes Beispiel, indem er seine Leute ermutigt, sie ermahnt und, wo er kann, Probleme löst. Als die Gegner mit einem Angriff drohen, empfiehlt er seinen Leuten, Waffen zu tragen. Die eine Hälfte baut weiter, während die andere Hälfte Wache hält. „So arbeiteten wir alle vom frühen Morgen bis zum späten Abend, aber die Hälfte meiner Leute hatte ständig die Lanze in der Hand und hielt Wache", berichtet er (4,15).

Nach vielen Monaten eifrigen Arbeitseinsatzes trugen Nehemia und seine Männer den Sieg davon. Die Mauer war fertig. Nehemia hatte Jerusalem aus den Ruinen „zurückerobert" und Gott die Ehre gegeben.

Wenn auch Sie heute neues Land für Gott einnehmen wollen, beginnen Sie mit dem Rat des Petrus: „Seid nüchtern und wachsam." Eine Möglichkeit dazu ist, dass Sie Ihre Siege und Kämpfe in Ihr Jabez-Tagebuch eintragen. Denn es ist eine schlagkräftige Waffe. Nüchtern sein heißt: Ich kenne meinen wütenden geistlichen Gegner. Darum begebe ich mich in den allumfassenden Schutz Gottes und ziehe seine volle Waffenrüstung für den geistlichen Kampf an (Epheser 6,11.13). Wachsamkeit hält Sie in Alarmbereitschaft beim Gebrüll des Widersachers und schützt Sie vor seinem Rachen.

Anregung für Ihr Tagebuch
Wann habe ich mich in meinem Leben am meisten von Satan angegriffen gefühlt? Kann ich im Rückblick Gründe dafür erkennen? Was war passiert?

Wer betet, muss einen heftigen Feldzug gegen Zweifel und Murren führen. Beides wird in uns durch spürbare Furchtsamkeit und Wertlosigkeit hervorgerufen.
Martin Luther

Die alte Schlange wird dich versuchen und verführen. Aber sie lässt sich durch Gebet packen. Und wenn du zwischendurch Gutes tust, wirst du ihren Hauptangriff blockieren.
Thomas von Kempen

27. Tag:

Befreiung

Den Aufrichtigen rettet seine Treue;
aber dem Treulosen wird seine Habsucht zur Schlinge.
Sprüche 11,6

Für Harry Houdini, den legendären Zauberer und Befreiungskünstler, gab es weder Gefängniszellen noch Tresorräume, die ihn halten konnten. Er verschwand aus einem Wassertank, in den man ihn – zum Tode verurteilt – an Händen und Füßen gefesselt mit dem Kopf nach unten gehängt hatte. Einmal entkam er aus einer absolut ausbruchssicheren Gefängniszelle in Washington, die für einen Attentäter des Präsidenten gebaut worden war. Anschließend ließ er die übrigen Gefangenen frei und sperrte sie in andere Zellen ein.

Houdinis Meisterstücke verlangten unglaubliche körperliche Fähigkeiten und sorgfältigste Vorbereitung. 1926 überraschte man ihn ein einziges Mal unvorbereitet und das kostete ihn das Leben. Während einer Show in Montreal näherte sich ein Student dem Künstler unbemerkt von hinten. Er hatte erfahren, dass Houdini schmerzlos Schläge in den Magen vertragen könne. Der Student, der nicht wissen konnte, dass Houdini, bevor er diesen Trick auf der Bühne vorführte, stets seine Muskeln anspannte, versetzte ihm ein paar harte Schläge in die Magengrube, auf die Houdini nicht vorbereitet gewesen war. Die sich daraus ergebenden inneren Verletzungen führten zu einer Infektion, an der Houdini wenige Tage später starb.

Wir haben nun eine Woche lang über die Flucht-Strategien des Jabez gesprochen. Ich glaube, Jabez hätte zu Houdini gesagt: „Harry, fang mit diesen Shows besser gar nicht erst an. Denn früher oder später werden dich deine eigenen Tricks, wenn du einmal nicht ganz sorgfältig vorbereitet bist, umbringen."

Was gehört also dazu, einen Houdini oder einen Jabez unerwartet einzufangen? Eigentlich nicht viel. Wie unser Bibelvers von heute sagt: Der Lohn des Aufrichtigen ist, dass er von seiner Gier befreit wird. Und doch ist es herzzerreißend, wie viele hingegebene Christen von

ihren Süchten gefangen sind. Vor einigen Jahren erstellte Dr. Howard Hendricks vom *Dallas Seminary* eine Studie über Männer im hauptamtlichen geistlichen Dienst, die eine Reihe moralischer Fehltritte begangen hatten. Er fand heraus, dass innerhalb der von ihm gesetzten Periode von zwei Jahren sage und schreibe 246 Männer in Amt und Würden auffällig geworden waren. Das sind mehr als zehn Männer pro Monat, die der Gier zum Opfer fielen und viele Menschen mit sich ins Unglück gerissen haben!
Meine Freunde, je länger wir auf unserem Lebensweg sind, umso mehr brauchen wir den Schutz vor Versuchung. Verschiedene Faktoren zusammengenommen bewirken ein größeres Risiko:

- Ihre Entscheidungen, Ihr Vorbild und Ihr Einfluss betreffen im Laufe der Zeit immer mehr Menschen.
- Ihre Aufgaben können Sie geistlich, körperlich und emotional auslaugen.
- Ihre Erfolge in Ihrem anerkannten Dienst können Sie stolz machen, sodass Sie unsensibler werden, anstatt sensibler.
- Ihre Verantwortlichkeit gegenüber Gott wird größer.

„Passt auf keinen so sehr auf wie auf euch selbst“, schrieb Spurgeon. „Unsere schlimmsten Feinde tragen wir in uns.“ Je mehr Aufgaben Gott Ihnen anvertraut, umso leichter kann sich eine unausgesprochene Lüge in Ihr Denken einnisten: „Gott wird mich nicht untergehen lassen, auch wenn ich sündige – er braucht mich und hat mich viel zu lieb.“ Eines Tages aber werden Sie hinterrücks und vollkommen unvorbereitet von einem harten Schlag in die Magengegend getroffen werden, der jeder Show ein jähes Ende setzt.
Ich habe festgestellt, dass, wenn Satan einen hingegebenen Menschen zur Strecke bringt, er ganze Sache macht. Der Zeitpunkt, die Art und Weise, die Lebensumstände – er wird unser Versagen maximieren, sodass es *überall* Schwierigkeiten verursacht. Sie wissen, wovon ich spreche. Sie kennen die vielen, vielen Menschen, die nichts mehr mit dem Christentum zu tun haben wollen, weil ihr Ex-Pastor dies oder jenes getan hat. Ein solcher Pastor ist nicht Pastor geworden, um

Schaden anzurichten. Er wollte Segen bringen. Aber er fiel wie Houdini in eine selbstgestellte Falle.

Tatsache ist, je länger Sie bereits Ihren Weg mit Gott gehen, desto enger wird der Weg und umso härter wird Gott Sie richten, falls Sie ernsthaft in Sünde fallen. Sie haben wunderbare Dinge aus seiner Hand empfangen, aber Sie können zeitweise oder für immer alles wieder verlieren. Kummer kann ein harter Schlag sein.

Ich erinnere mich, wie ich einmal eine Predigt halten wollte, nachdem ich eine Sünde begangen hatte. Ich fühlte mich entsetzlich, aber ich wollte meinen Dienst versehen. Also saß ich da und bereitete mich vor, wie ich es immer tat. Da kamen mir folgende Worte in den Sinn: *Du hast keine Ahnung, wie wertlos du bist, wenn ich meine Hand von dir abziehe.*

Das hat mir einen tiefen Schock versetzt und ich hoffe, dass ich mich von diesem Schock nie mehr ganz erholen werde.

Legen Sie jeden Tag die Sünde ab, die Sie gefangen hält. Heute wollen wir wachsam, demütig, vertrauensvoll, mit klarem Verstand und einer großen Hoffnung im Herzen Gott folgen.

Anregung für Ihr Tagebuch

Auf welchem Gebiet bin ich versucht, Entschuldigungen für meine Sünden zu finden, anstatt mich auf Gottes Gnade zu verlassen?

In einem großen Haushalt gibt es die verschiedensten Gefäße.
Einige sind aus Gold oder Silber, andere aus Holz oder Ton.
Die einen sind für ehrenvolle Anlässe bestimmt, die anderen dienen als
Behälter für den Abfall. Diese Leute gleichen dem Abfallkübel!
Wer sich von ihnen trennt, wird rein und macht dem Hausherrn Ehre.
Er steht ihm zur Verfügung und ist ihm nützlich.
Er ist zu jeder guten Tat fähig.
2. Timotheus 2,20–21

Versuchungen sind Landstreicher; behandle sie freundlich, dann kommen sie wieder und bringen andere mit.

Autor unbekannt

28. Tag:

Kinder des Lichts

Auch ihr wart einst im Dunkeln, aber jetzt seid ihr im Licht, weil ihr mit dem Herrn verbunden seid. Lebt nun auch als Menschen, die im Licht stehen! Aus dem Licht erwächst als Frucht jede Art von Güte, Rechtschaffenheit und Treue. Fragt immer, was dem Herrn gefällt.
Epheser 5,8–10

Ich arbeite mit einem jungen Akademiker zusammen – ich nenne ihn Charlie –, in dessen Leben es eine Zeit gab, die nicht gerade vielversprechend war. Er beschreibt sie folgendermaßen: „Ich habe das Gefühl, ich stehe in einem dunklen Flur. Vor mir sehe ich Licht und dieses Licht ist mein augenblickliches Leben. Aber irgendwie fühle ich mich in meiner Vergangenheit gefangen und kann nicht ins Licht gelangen."

Charlies anschauliches Bild überraschte mich nicht. Ich hatte ihn in den letzen Monaten beobachtet und festgestellt, dass ihn irgendetwas innerlich fesselte.

Eines Abends, es war schon recht spät, sprachen wir wieder einmal miteinander. Charlie begann mit seiner Zeit an der Uni und von einer Phase, in der er eine Prüfung nach der anderen vergeigt hatte. Die Situation änderte sich erst, als man bei ihm die Krankheit ADS (eine Form der Konzentrationsschwäche) feststellte und ihm entsprechende Medikamente verordnete. Danach fiel ihm das Studieren leichter und er schloss sein Studium als Jahrgangsbester ab. Aber irgendetwas war mit ihm immer noch nicht in Ordnung.

Charlie fuhr mit seinen Jugenderinnerungen fort und erzählte aus der Zeit auf der High School. Er konnte immer noch jede Hänselei und spöttische Bemerkung seiner Mitschüler aufzählen. Und er berichtete von den Lehrern, die ihn abgeschrieben hatten, weil sie der Meinung waren, er gäbe sich einfach keine Mühe. Als er bei seiner Reise in die Vergangenheit im dritten Schuljahr angelangt war, machte er die lapidare Bemerkung: „Eigentlich war es mir schon im dritten Schuljahr klar."

„Was war dir klar?“, hakte ich nach.
„Dass ich versagen würde. Ganz gleich, wie viel Mühe ich mir auch gebe, *ich bin ein Versager*“.
Man hatte Charlie körperlich gründlich untersucht und schließlich seine Krankheit erfolgreich behandelt. Nur sein Herz war nicht kuriert worden. Charlie musste seine Meinung über sich selbst ändern, damit er mit der Sache fertig wurde. Die Wahrheit lag auf der Hand. Er musste sie nur aufgreifen und für sich in Anspruch nehmen.
„Ich kenne dich doch“, sagte ich zu ihm. „Der Charlie, den ich kenne, ist *kein* Versager! Du bist ein Gewinner. Und jetzt weiß ich, dass du außerdem ein mutiger Überwinder bist.“ Ich bat ihn, sich noch einmal den langen dunklen Flur vorzustellen. Ich schlug ihm vor: „Strecke deine Hand nach dem Lichtschalter aus mit der Bezeichnung: ‚Die Wahrheit über Charlie‘. Schalte ihn ein“, bat ich ihn. Tränen strömten über Charlies Gesicht.
Nach einigen Minuten fragte ich: „Bist du jetzt bereit, voranzugehen?“
„Ich habe mich gerade auf den Weg gemacht!“, sagte er.
Fühlen Sie sich heute von Sünden, Versagen oder emotionalen Verletzungen aus Ihrer Vergangenheit blockiert? Die Wahrheit kann Sie frei machen. Fühlen Sie sich wie Charlie von alten Anschuldigungen belastet? Der heutige Bibelvers sagt Ihnen, dass Sie ein Kind des Lichts sind. Ihre wahre Freiheit beginnt da, wo Sie das Licht der göttlichen Wahrheit in Ihr Leben scheinen lassen.
Wenn Sie in dieser Woche aufmerksam die tägliche Andacht gelesen haben, sind Sie einigen großartigen Wahrheiten begegnet, wie man ohne Dunkelheit und Anfechtung leben kann. Wir haben insbesondere über Versuchung und Sünde gesprochen und über den Schmerz, der mit ihnen verbunden ist. Welche Wahrheiten brauchen Sie also noch, um sie für sich in Anspruch zu nehmen?
Hier eine Zusammenfassung von dem, was wir gelernt haben:

- Gott will, dass Sie vor der Versuchung fliehen und er will, dass Sie täglich seinen Schutz von ihm erbitten.
- Gott schafft für jede Versuchung, die Sie befällt, einen Ausweg.
- Sie können sich gedanklich damit auseinander setzen, wie, warum

und wann sich gewisse Sünden wiederholen, und Sie können viele Versuchungen vermeiden, indem Sie die ihnen zu Grunde liegenden Bedürfnisse auf eine andere, Gott gefällige Art befriedigen.
- Der Heilige Geist möchte Sie in den Momenten trösten, in denen Sie Trost brauchen, damit Sie in solchen Augenblicken nicht sündigen müssen.
- Satan wird von Ihnen fliehen, wenn Sie ihm in der Kraft Gottes widerstehen.
- Je stärker Gott Sie gebraucht, umso mehr benötigen Sie himmlischen Schutz vor Versuchungen und Satans Frontalangriffen.

Ich möchte Ihnen Mut machen, heute jede dieser lebensverändernden Wahrheiten ganz bewusst, ausdauernd und erwartungsvoll anzuwenden. Sie sind nicht dazu geschaffen, dass Sie Ihre Tage als Opfer der Versuchung, von Sünde lahm gelegt und in Schmerz verstrickt verbringen. „Meine lieben Freunde!", schreibt Paulus. „Diese Zusagen gelten uns. Wir wollen uns darum von allem rein machen, was Körper oder Seele beschmutzt. Wir wollen den Willen Gottes ernst nehmen und uns bemühen, so zu werden, wie er uns haben möchte" (2. Korinther 7,1).

Nach einigen Tagen traf ich Charlie wieder und ich fragte ihn: „Charlie, wie geht es dir?"

„Ich bin ein ganz anderer Mensch!", rief er freudig. Er erzählte mir, dass Gott ihn gerade an diesem Tag durch viele verschiedene Leute mit Anerkennung überschüttet habe. „Ich stelle fest, dass ich nicht mehr der Junge bin, der im Dunkeln gefangen sitzt", sagte er. „Ich lebe *jetzt* im Licht der Wahrheit!"

So ist Gott. Wenn wir bereit sind, die Wahrheit aufzugreifen und ins Licht zu gehen, lässt Gott uns heil werden und führt uns zu unserem persönlichen Sieg über die Sünde, was uns noch kurz zuvor unmöglich erschien.

Anregung für Ihr Tagebuch

Gott, ich bin ein Kind des Lichts. Zeige mir die alten Lebensbereiche, wo ich noch die Wahrheiten anknipsen muss, die du mir zeigst.

Ich bin das Licht der Welt. Wer mir folgt, hat das Licht,
das zum Leben führt, und wird nicht mehr im Dunkeln tappen.
Johannes 8,12

mich und erweit … et!

Steh mir bei und erweitere

mein Gebiet

Steh mir bei und halte

mich und erweitere mein Gebiet!

Steh mir bei und halte Ung

Nachwort

Feiern Sie das Jabez-Wunder

Ohne Christus, nicht einen Schritt;
mit ihm, überall hin.
David Livingstone

29. Tag:

Kann Gott so gut sein?

Der Herr erwiderte: „Ich werde in meiner ganzen Pracht und Hoheit an die vorüberziehen und meinen Namen ‚Der Herr' vor dir ausrufen. Ich erweise meine Gunst, wem ich will."

2. Mose 33,19

Wie gut, ich meine, wie liebevoll, freundlich und großzügig ist Gott wirklich? Im vergangenen Monat haben wir tagelang über seine außergewöhnliche Güte gesprochen. Ich möchte Ihnen dabei behilflich sein, dass Sie sich heute bewusst machen, dass Sie sich ständig auf Überraschungen gefasst machen müssen, wenn Sie sich weiterhin nach dem erweiterten Leben, das Gott Ihnen schenken möchte, ausstrecken wollen. Ja, Sie werden nicht nur von Gottes überschwänglicher Großzügigkeit überrascht werden, sondern regelrecht geschockt sein. Und damit meine ich nicht eine Art himmlische, allgemeine Güte gegenüber der ganzen Welt. Ich meine Gottes Güte, die Ihnen persönlich gilt!

Ich unterrichtete regelmäßig an einem christlichen College. Eines Morgens kam eine sehr niedergeschlagene junge Frau in mein Büro. Sie war eine Spitzenschülerin, beliebt und eine ganz entschiedene Christin. Es dauerte nicht lange, da gestand diese Studentin mir: „Ich fühle mich so allein und deprimiert." Es brauchte einige Zeit, bis wir an ihren wunden Punkt gelangt waren: ihr Privatleben. Seit dem letzten Semester war sie zu keinem Fest mehr eingeladen worden.

„Betest du, Julie?", fragte ich.

Sie schien überrascht. „Natürlich bete ich. Das gehört doch dazu!" Außerdem nahm sie regelmäßig an einem Hauskreis für Studenten teil.

Ich ließ mich nicht beirren. „Wofür betest du?", fragte ich weiter.

Sofort ging sie ihre ganze Gebetsliste durch: „Für Missionare, Freunde, Ungläubige in der Familie, Kranke."

„Aber betest du auch für dich selbst?", fragte ich.

„Natürlich. Ich bete, dass ich eine treuere Christin werde, mehr Vertrauen in Gott habe ..."

Ich unterbrach sie: „Julie, hast du Gott um einen Freund gebeten?"
„Aber Dr. Wilkinson!", rief sie empört und rollte die Augen. „Gott arrangiert schließlich keine Rendezvous!"
„Hör zu!", sagte ich. „Du kennst das Alte Testament. Wie hat Gott sich um Frauen gekümmert? Ruth hat er sogar einen zweiten Mann beschafft."
Julie war baff. Ein Gott, der so fürsorglich sein konnte, schien ihr unrealistisch. Als sie schließlich mein Büro wieder verließ, hatten wir eine Abmachung getroffen. Wir wollten beide jeden Tag dafür beten, dass Gott für sie ein Rendezvous arrangierte und zwar *für den nächsten Freitagabend.*
Zunächst war ich noch ganz zuversichtlich, als Julie sich von mir verabschiedete. Doch kurz nachdem sie gegangen war, rief ich etwas ängstlich zu Hause an.
„Darlene", bat ich meine Frau, „fang am besten gleich an zu beten!" Und dann erzählte ich ihr von meiner Abmachung mit Julie.
Am nächsten Tag trat ein schlaksiger Student namens Ed in mein Büro (Wie die Geschichte weiterging, können Sie sich sicher denken!). Ed war sehr unglücklich. Er hatte einem Mädel einen Heiratsantrag gemacht und sie hatte nein gesagt – ein endgültiges bitte-frag-mich-nicht-noch-einmal-Nein. Ed wusste, dass er nie mehr glücklich werden würde und überlegte, sein Studium zu schmeißen. Ich überlegte kurz, was ich darauf sagen sollte.
„Ed, du solltest dich so schnell wie möglich mit einem anderen Mädel verabreden", sagte ich. „Ja, du solltest dich sogar für Freitagabend mit einem Mädel verabreden." Julie erwähnte ich dabei mit keinem Wort. Es war ein Vertrauensakt der mutigeren Sorte, den ich da wagte.
Zuerst wollte der verschmähte Student nichts von meinem Vorschlag wissen. Doch als er mein Büro verließ, versprach er, sich um eine Verabredung zu bemühen.
Den Rest der Woche beteten Darlene und ich. Julie betete auch. Ed löste seine Gedanken von seiner Enttäuschung und richtete sie auf den Freitagabend. Und Gott wirkte.
Am nächsten Morgen, als ich über den Campus eilte, sah ich Julie auf mich zufliegen. Ihre Füße berührten kaum den Boden. Das erste,

wovon sie mir berichten wollte, war ihr aufregendes Freitagabend-Date mit einem Typen namens Ed. „Du kennst doch Ed, oder?“ fragte sie. „Ja, ein bisschen“, sagte ich gedehnt und hatte alle Mühe, ein Grinsen zu unterdrücken.

Als sie mir begeistert von ihrem Wochenende berichtet hatte, fragte ich: „Julie, wie findest du Gott?“

Sie schwieg. Dann schüttelte sie verwundert den Kopf. „Weißt du, ich habe ja immer geglaubt, dass Gott mich liebt“, antwortete sie. „Aber zum ersten Mal spüre ich, dass Gott mich wirklich *liebt.*“

Begreifen Sie, dass Gott *so* gut ist? Und er liebt Sie! Er möchte Ihre großen weltverändernden Gebete beantworten. Und er sehnt sich danach, ebenfalls ihre geheimsten persönlichen Wünsche zu erfüllen. Wo in einem Leben das Jabez-Wunder beginnt, wird plötzlich die erstaunliche Güte Gottes deutlich. Und wer sich täglich davon überzeugen lässt, *dass dies erst der Anfang ist,* wird bis an sein Lebensende Wunder erleben.

Anregung für Ihr Tagebuch

Habe ich Gottes ungewöhnliche Güte in letzter Zeit erfahren? Habe ich ihn darum gebeten?

Herr, du bist freundlich und bereit, Schuld zu vergeben;
voll Gnade begegnest du allen, die zu dir beten.

Psalm 86,5

Die einzigen Gebetsgrenzen sind die Verheißungen Gottes und seine Fähigkeit, diese Verheißungen zu erfüllen: „Öffne deinen Mund weit und ich werde ihn füllen.“

E. M. Bounds

30. Tag:

Wer, ich?

Der Herr antwortete: „Wer hat dem Menschen einen Mund gegeben? Wer macht den Menschen stumm oder taub? Wer macht ihn sehend oder blind? Ich bin es, der Herr! Genug jetzt, geh! Ich werde dir helfen und dir sagen, was du reden sollst."
2. Mose 4,11–12

Falls Sie sich fragen sollten, was Gott sich wohl dabei gedacht hat, jemanden wie Sie zu einem so ungewöhnlichen Glaubensschritt zu berufen, dann denken Sie an einen betagten, schlecht gelaunten Viehtreiber namens Mose mit seinem verpfuschten Lebenslauf. Obwohl er im Alten Testament als der bedeutendste Führer seines Volkes gilt, war er gleichzeitig auch der widerspenstigste.

Seine Jabez-Geschichte beginnt in der hintersten Ecke von Midian, einer verlassenen Region im Osten der Sinai-Halbinsel. Nach einem frühen, viel versprechenden Start als Adoptivsohn am Hofe des Pharao geht es rasch mit ihm bergab.

Eines Tages trifft er auf einen ägyptischen Herrn, der einen israelitischen Arbeiter schlägt. Wütend und überzeugt, dass niemand zuschaut, tötet Mose den Ägypter und verscharrt ihn im Sand. Am nächsten Tag, als er versucht, zwei sich streitende Israeliten auseinander zu bringen, sagt einer der Streithähne zu ihm: „Wer hat dich zu unserem Aufseher oder Richter ernannt? Willst du mich etwa auch umbringen wie den Ägypter?" (2. Mose 2,14)

Von seinen eigenen Leuten abgewiesen und als Mörder hingestellt, ergreift Mose die Flucht. 40 Jahre lang versteckt er sich in der Wüste und hütet Schafe. Ein Mann, getrieben von Schuld und Scham.

Aber Gott hat noch Pläne mit Mose. Eines Tages spricht er zu ihm aus einem brennenden Dornbusch und macht ihm einen Vorschlag nach Jabez-Art.

„Geh nach Ägypten, Mose!", sagt Gott zu ihm. „Ich sende dich zum Pharao, denn du sollst mein Volk Israel aus Ägypten herausführen!" (2. Mose 3, 10).

Im Blick auf seine Lebensumstände und seine Vergangenheit ist Moses Antwort verständlich.
„Wer bin ich?“ fragt er.
Man sieht förmlich, wie er den Mund nicht mehr zubekommt. Gottes außergewöhnliche Zukunftsperspektive für Mose hat ihn in eine gewaltige Identitätskrise gebracht.
Kennen Sie diesen Reflex? Gott pflanzt ein Samenkorn in Ihren Geist, einen ungewöhnlichen und aufregenden Plan, der Ihr Gebiet für Gott erweitern soll. Aber Sie sehen Dinge, die Gott vergessen haben muss. Sie sehen zum Beispiel, was die „anderen“, die Erfolgreichen ganz offensichtlich besitzen und was Ihnen fehlt. Sie sehen, welche persönlichen Opfer mit dem neuen Auftrag verbunden sein könnten. Sie sehen Ihre eigene erbärmliche Existenz, ihre fragwürdige Vergangenheit, ihre schwierige Persönlichkeit und ihre mangelnde Fähigkeit.
Ist es verwunderlich, dass die Ihnen von Gott zugedachten außergewöhnlichen Pläne auch Sie in eine Identitätskrise werfen?
Wenn Sie den Bericht über das Gespräch zwischen Mose und Gott in 2. Mose 3 und 4 lesen, werden Sie feststellen, wie Mose einen Hinderungsgrund nach dem anderen vorbringt zu dem, was Gott mit ihm im Sinn hat:

- Wer bin ich schon?
- Wer bin ich, dass ich ein Volk führen könnte?
- Was soll ich sagen, wer mich gesandt hat?
- Was, wenn sie mir nicht glauben?

Nachdem er Gott gestanden hat, dass sein Hauptmanko seine Unfähigkeit zu reden sei, steigern sich Moses Einwände zu einer verzweifelten Bitte: „Herr, sende doch lieber einen anderen!“
Doch Gott bleibt auf seinem Plan bestehen und setzt sich durch.
Ich hoffe, Sie werten diese Wüstenszene nicht wie ein von Sonntagsschulkindern in Plastiksandalen, mit Wattebärten und Pappschafen vorgeführtes Bühnenstück. Dies hier ist eine Identitätskrise. Und es ist ein sehr entscheidender Moment im Leben des Mose. Wie Sie sehen, sind alle Fragen und Einwände wohlüberlegt. Und alle Gefühle der

Unzulänglichkeit sind real. Und nachdem Mose endlich Ja gesagt hat, benutzt Gott diesen verschüchterten, widerwilligen Schafhirten und macht aus ihm eine der fähigsten Führungspersönlichkeiten der Geschichte mit erstaunlichen Talenten.

Sollten sie bisher noch nicht an einen solchen Wendepunkt gekommen sein, dann steht Ihnen das noch bevor. Woher ich das weiß? Wenn Gott sein wunderbares Reich durch Sie vervollständigen will, muss Gott Sie die Wahrheit über Sie selbst wissen lassen und Ihnen zeigen, dass das, was Sie wirklich brauchen, die Wahrheit über Gott ist. Er wird zu Ihnen reden, wie er zu Mose geredet hat:

„Ich bin der Herr dein Gott."

„Ich sende dich."

„Meine Kraft und Gegenwart werden mit dir sein".

„Ich werde dich nicht verlassen."

Und das wird der Beginn Ihrer neuen Identität sein – ein unwilliger Held oder eine unwillige Heldin, dessen/deren Gott stark und liebevoll, vertrauensvoll und präsent genug ist, all das zu vollbringen, was er von Ihnen verlangt.

Falls Sie sich, wie gesagt, fragen sollten, was Gott sich möglicherweise dabei gedacht hat, so jemanden wie Sie zu berufen, sollten Sie einmal die Abschiedsrede dieses Schafhirten (das ganze 5. Buch Mose) lesen. Sie werden einen Mann kennen lernen, der ein Leben lang gesehen hat, was Gott tun kann. Dadurch ist Mose so verwandelt worden, dass er keine einzige Minute mehr daran verschwendete, Gott das aufzuzählen, was *er* konnte oder nicht konnte.

Anregung für Ihr Tagebuch

Welches wäre das größte Abenteuer, zu dem Gott mich berufen könnte? Wie finde ich es?

Der Herr selbst wird vor dir herziehen.
Er wird dir helfen und dich niemals im Stich lassen.
Hab keine Angst und lass dich von keinem Gegner einschüchtern.
Das sagt Mose zu seinem Nachfolger Josua in 5. Mose 31,8

Bevor wir die Fähigkeit zu geistlicher Leiterschaft ausschließlich vermeintlichen Superstars zubilligen, tun wir gut daran, uns zu erinnern, dass wir einem Gott dienen, der als ein kleines, hilfloses Baby auf unseren Planet gekommen ist.
Stacy Rinehart

Nur wer das Unsichtbare sehen kann, kann das Unmögliche tun.
Frank Gaines

31. Tag:

Bewahre all dies gut in deinem Herzen

Herr, du Gott unserer Vorfahren Abraham, Isaak und Israel!
Erhalte deinem Volk für immer diese Gesinnung,
dass es von Herzen dir zugewandt bleibt!
1. Chronik 29,18

Eines Nachts verlangte ein Prinz namens Salomo nach einem gesegneten Leben und Gott antwortete ihm. Wie Sie als Bibelleser wissen, hatte dieser Prinz alles, was das Herz begehren kann: einen legendären und mächtigen Vater, ein stabiles Königreich und von Geburt an Gottes Gunst.

Das sichtbare Ergebnis von Salomos Bitte um Gottes Segen war: Salomo wurde der reichste und weiseste König in der Geschichte Israels. Und doch lebte er nur einen Bruchteil seines gesamten Potenzials aus. Die Bibel sagt, dass, als Salomo alt geworden war, „sein Herz nicht ungeteilt dem Herrn seinem Gott gehörte" (1. Könige 11,4). Bereits vor seinem Tod war Salomos Ruf dahin. Sein Vermächtnis war durch Verschwendung, Kompromisse, Unmoral und Götzendienst geschändet.

Jahrtausende später verlangte ein Schuhverkäufer namens Dwight L. Moody nach einem gesegneten Leben und Gott antwortete auch auf seine Bitte. In Chicago hörte Moody in einem Gottesdienst den Pastor sagen, dass Gott mit einem einzigen Mann, der dem Herrn ganz ergeben sei, die Welt verändern könne. Dwight Moody wollte dieser Mann sein.

Das sichtbare Ergebnis von Moodys Bitte um Gottes Segen war, dass viele Millionen Menschen durch Moodys Predigten Christen wurden. Als Moody schließlich auf der Höhe seines Dienstes stand, schickte man einen Journalisten zu ihm, der ihn interviewen sollte. Der Journalist kam zurück und berichtete offen und ehrlich: „Ich finde nichts Besonderes an diesem Mann." Bis zu seinem Tod kämpfte Moody für das Evangelium. Seine Massenevangelisationen und sein persönliches Zeugnis beeinflusste die Kirche von Amerika und hat bis heute so bekannte Evangelisten wie Billy Graham und Luis Palau geprägt.

Auch Sie haben nach einem gesegneten Leben verlangt und Gott hat Ihnen geantwortet. Wie wird Ihre Geschichte der Wunder und Segnungen enden?

Das gesegnete Leben beginnt mit einer einfachen Bitte. Es kann sich allerdings nur fortsetzen, wenn unsere Herzen dem Herrn treu ergeben sind. Wir können mit den Privilegien eines Prinzen beginnen oder mit den Begrenzungen eines Schuhverkäufers – Gott nimmt das kaum zur Kenntnis. Wichtig ist, wie es weitergeht, wie wir unser Wünschen und Wollen Gott täglich unterordnen.

Das Beispiel des Apostels Paulus bewegt mich immer wieder. Paulus scheint in gewisser Weise Salomo und Moody in sich zu vereinen: Einerseits ist er der brillante und erfahrene Pharisäer und andererseits ein gewöhnlicher Zeltmacher. Doch achten Sie darauf: Sein persönliches Vermächtnis wird weder von dem einen noch dem anderen bestimmt!

Denn von dem Augenblick an, da Christus ihn rief, schaute Paulus nie mehr zurück. Und je weiter er auf seinem geistlichen Weg voranschritt, umso weniger Ablenkungen und Kompromisse konnte er tolerieren. Hören Sie sich sein Zeugnis gegen Ende seines Lebens an:

Aber dies alles, was mir früher als großer Vorzug erschien, habe ich durch Christus als Nachteil und Schaden erkannt. Ich bilde mir nicht ein, Brüder, dass ich es schon geschafft habe. Aber ich lasse alles hinter mir und sehe nur noch, was vor mir liegt. Ich halte geradewegs auf das Ziel zu, um den Siegespreis zu gewinnen. Dieser Preis ist das neue Leben, zu dem Gott mich durch Jesus Christus berufen hat. (Philipper 3,7.13–14)

Wie können wir mit unserem Herzen dem Herrn treu ergeben sein und unser persönliches Vermächtnis sichern? Nach dem Rat des Paulus lässt sich unsere Lebensplanung in drei Versprechen zusammenfassen:

1. Ich will Christus den ersten Platz in meinen Gedanken und Taten einräumen.
2. Ich will in meinem Leben Gottes Ziele anstreben.
3. Ich will Vergangenes hinter mir lassen.

Wenn Gott Sie in einen erweiterten Lebensbereich beruft und Sie ihm folgen, wird er Sie belohnen. Streben Sie nach diesem Siegespreis bis zu Ihrem letzten Atemzug! Bevor Sie nicht in die Ewigkeit eingehen, können Sie nicht das volle Maß seiner großzügigen Liebe und deren Wert für Sie ermessen. Erst in der Ewigkeit werden Sie die Ausmaße seiner großzügigen Liebe und der ungeheuren Bedeutung für Sie erkennen.

Streben Sie mit mir diesen Tag an. Dabei wollen wir unseren Blick auf den Herrn richten und uns an unsere Berufung erinnern und alles andere vergessen.

Wenn Sie und ich diese glühende Loyalität für Gott im Herzen bewahren, werden wir eines Tages vor seinem Thron empfangen. Neben dem Thron werden Jabez und Menschen wie er stehen – Schafhirten, Schuhverkäufer und ähnliche Leute. Alle begrüßen uns sehr herzlich und sind ganz gespannt, durch uns noch mehr erstaunliche Geschichten über ein Gott hingegebenes Leben zu erfahren. Und gemeinsam werden wir Gott sagen hören: „Wohlan, meine guten und getreuen Diener. Tretet ein zu des Herrn Freude.“

Anregung für Ihr Tagebuch

Welche Geschichten aus meinem Leben zeugen von Gottes Kraft, Schutz und Segen? Welche würde ich am liebsten mit Jabez in der Ewigkeit feiern?

Der Stein, den die Bauleute weggeworfen haben,
krönt nun den ganzen Bau.
Der Herr hat dieses Wunder vollbracht,
und wir haben es gesehen.
Dieser Festtag ist ein Geschenk des Herr.
Heute wollen wir uns freuen und jubeln!
Psalm 118,22–24

Schaut doch euch selbst an, liebe Brüder! Wen hat Gott denn da berufen? Kaum einer von euch ist ein gebildeter oder mächtiger oder angesehener Mann. Gott hat sich vielmehr die Einfältigen und die Machtlosen ausgesucht, um die Klugen und Mächtigen zu demütigen. Er hat sich die Geringen und Verachteten ausgesucht, die nichts gelten, denn er wollte die zu nichts machen, die vor den Menschen etwas sind. Niemand soll vor Gott mit irgendetwas auftrumpfen können.
1. Korinther 1,26–29

Ich will überall hingehen, vorausgesetzt es geht vorwärts.
David Livingstone